BASTEI
LÜBBE

Über die Herausgeberin:

Tatiana Fürstin Metternich, geborene Prinzessin Wassiltschikow, blickt auf Jahre zurück, die so unruhig und ereignisreich waren wie das Jahrhundert selbst. Heute lebt sie mit ihrem Mann, einem Urenkel des österreichischen Staatskanzlers, auf dem Schloß Johannisberg im Rheingau.

Tatiana
Fürstin Metternich

Léontine

Das Tagebuch der Tochter
Metternichs

BASTEI LÜBBE

BASTEI-LÜBBE-TASCHENBUCH
Band 61408

Mit freundlicher Genehmigung der F. A. Herbig
Verlagsbuchhandlung GmbH, München
Lizenzausgabe im Bastei-Verlag Gustav H. Lübbe GmbH & Co.,
Bergisch Gladbach
Printed in Germany, April 1998
Einbandgestaltung: Manfred Peters
Titelillustration: Aus dem Privatbesitz der Herausgeberin
Druck und Bindung: Elsnerdruck, Berlin
ISBN 3-404-61408-9

Mit verbindlichstem Dank
an Dr. Marie Ullrichova
für ihre so konstruktive Hilfe

Inhalt

Vorwort

Für unsere Generation bedeuteten die Kriegsjahre ein unaufhaltsames Schwanken zwischen erdrükkenden Verlusten, immer wiederkehrender herzzerreißender Abschiednahme und kurzen Unterbrechungen von intensivstem Leben in der so intensiven Gegenwart.
Es schien fast abwegig, zuviel an die Verteidigung oder die Rettung von »Hab und Gut« zu denken, auch wenn man es liebte und seinen historischen Wert schätzte. Wir fühlten uns aber mehr als Wächter denn Besitzer dieser schönen Häuser, mit museumartigen Sammlungen gefüllt, von Generation zu Generation weitergereicht, und waren uns der Verantwortung bewußt, unser Möglichstes zu ihrer Erhaltung zu tun.
Während der Abwesenheit meines Mannes an der Front wurde jeder Entschluß sehr erschwert: Mußte ich nicht ein Papier unterschreiben, wenn ich Möbel oder Bilder von einem Zimmer ins andere stellte? »Usus«, sagte der treue Sekretär entschuldigend.
Trotz unserer Jugend waren wir aber beide zu sehr in vielen Ländern zu Hause, um nicht mit aller Sicherheit von Anfang an zu wissen, daß dieser Krieg, erst

recht durch die Einstellung Hitlers, nur mit einer Niederlage enden konnte, und zwar mit einer niederschmetternden. Es schien, als ob die Tschechoslowakei überleben würde, denn von einer sowjetischen Besetzung war noch keine Rede. Enteignung und eventuell Plünderung blieben aber nicht ausgeschlossen.

Unsere größte Sorge galt dem Archiv, das im Konvent in Plass (bei Pilsen) untergebracht war. Private und Familienpapiere sowie auch Staatsdokumente, besonders aus der Zeit des Wiener Kongresses, waren auf Anordnung von Richard Metternich in peinlichster Ordnung in großen Kisten geordnet.

Auf wärmste Empfehlung Professor Srbiks fand sich das Wiener Staatsarchiv am Minoritenplatz bereit, unser gesamtes Archiv in seine Obhut zu übernehmen, denn die Papiere gehörten nach Österreich, und mein Mann, der Urenkel des Kanzlers, war testamentarisch verpflichtet, jede Veröffentlichung daraus zu verantworten.

Aus Wien kam aber eine Denunziation dazwischen. Der Schuldige erhängte sich später, aber der Transport des Archivs wurde von Prag aus verboten.

Mit großer Mühe und noch größerer Diskretion wurde dann ein trockener und gut belüfteter Keller unter der Brauerei in Plass ausgebaut. Nachts kam eine Kiste nach der anderen hinein, ordentlich gestapelt und numeriert. Dann wurde der Eingang zugemauert.

Später erinnerte sich ein junger Mann, als Kind gehört zu haben, daß ein Schatz unter diesen Gebäuden vergraben wurde. Man brach den Keller auf und fand das Archiv in bester Ordnung, der intensiven sowjetischen Plünderung entgangen, und transportierte alles nach Prag.

Zunächst mußte man weiter entscheiden, was verteilt werden sollte, um wenigstens eine gewisse Sicherheit für die historisch wichtigsten Gegenstände zu garantieren.

In Begleitung des Sekretärs und des alten Haushofmeisters ging ich durch Königswart und versuchte, Ordnung bringend, eine Wahl zu treffen. Dieses Haus schien noch mehr vom Geiste Metternichs beseelt zu sein als die Schlösser in Plass und Johannisberg, und nun entstand für mich ein neues Bild als das selbstverständlich hingenommene. Erzogen in Frankreich, hatte ich den französischen Standpunkt über ihn kennengelernt und auch akzeptiert: ein brillanter Staatsmann, von großer Fähigkeit und schöner Erscheinung; herzkalt, berechnend und frivol – wofür sie ihn auch bewunderten. Kein Wort über seine Menschlichkeit, seine hohen Ideale und seine Wißbegierde.

In dem Haus, das er umgebaut und gestaltet hat, fühlte ich mich nun ganz in seine Atmosphäre versetzt: Das Museum, das einen Flügel füllte, beherbergte seine naturwissenschaftliche, die Waffen- und die Münzsammlung; eine Bibliothek von über 23000 Bänden bewies die lebendige, weitschweifende Neugierde seines Geistes. Zahlreiche Aufzeichnungen und Anweisungen über die Organisation nicht nur seiner Besitzungen, sondern auch seiner Familie und der Angehörigen zeigten seine liebevolle Sorge um alle, die von ihm abhingen. Wie konnte er nur die Zeit finden, die Monarchie und Europa zu lenken?

Aber sein Arbeitszimmer, wiederum gefüllt mit annotierten Büchern, die aus dem verkauften Palais in Wien stammten, würde heute noch zur Besinnung und zum Nachdenken anregen.

Er schien immer und überall geschrieben zu haben, denn in jedem Zimmer befanden sich die schönsten Schreibtische, in deren Schubladen man oft Notizen von seiner Hand fand, die dann sorgfältig zum Archiv gebracht wurden.

In einem kleinen geheimen Fach eines solchen Schreibtisches habe ich die Tagebücher von »Léontine« gefunden. Vielleicht lagen sie dort, vergessen seit dem Tode ihres geliebten Bruders, der für sie das jähe Ende ihrer Kindheit bedeutete.

Es war zu spät, diese dem bereits versiegelten Archiv beizugeben.

Als dann im Jahre 1945 die US-Armee zurückging und der sowjetischen den eroberten Platz räumte, machten wir uns auch auf den langen Weg zum Rhein. Zu Fuß, begleitet von Franzosen, die in unserer Gegend gearbeitet hatten und uns nun Geleit und Schutz boten.

Man konnte nicht viel mitnehmen, aber als wir auf den 600 km langen Treck gingen, schob ich noch

einen kleinen Beutel mit den Tagebüchern von Léontine und zwei der wertvollsten Bücher aus der Bibliothek unter das Stroh des Fuhrwerks.
In der kostbaren Inkunabel, die wir dadurch retteten, fand ich ein gefaltetes Blatt: In seiner fließenden Handschrift hatte der Kanzler eine kurze Beschreibung der Umstände, die diesem Buch während der Napoleonischen Feldzüge zugestoßen waren, aufgezeichnet: Es wurde aus dem brennenden Koblenz nach Mainz gebracht und dann weiter in offenen Fuhrwerken mitten durch sich zurückziehende Armeen und unter Kanonenbeschuß nach Königswart transportiert.

Metternich in der Familientradition

Die Traditionen der rheinischen Kurfürsten, die oft zu den Familien seiner Vorfahren gehörten, wurden dem jungen Metternich, geboren in Koblenz am 15. Mai 1773, fast in die Wiege gelegt. Seit jeher gehörten die Erzbischöfe von Mainz, Trier und Köln sowie auch deren Verwandte zu den höchsten Würdenträgern des Kaiserreiches. Auch die Nachbarschaft zum Herzogtum Burgund, dessen Verwaltung, auf römische Rechtstradition gegründet, von Kaiser Maximilian I. in Tirol eingeführt, sich später zur beispielhaften österreichischen Administration entwikkelte, trug dazu bei, in den kurfürstlichen Ländern frühzeitig ein europäisches Bewußtsein zu entfalten.

Wie Dichter es seit Jahrhunderten empfunden und festgehalten haben, prägt die Harmonie und Weite der rheinischen Landschaft den Charakter der Bewohner. Sie führt zu Ausgewogenheit und zu fröhlicher Versöhnung mit sich und der Welt. Diese Grundeigenschaften finden sich in dem Wesen Metternichs wieder, denn er selbst behauptete, »der Rhein fließe in seinen Adern«. Aber er empfand einen tiefen Widerwillen gegen jene deutsche Leidenschaft für »klare Situationen«, die so oft zum bösen Ende führte, zu Machtbesessenheit der Machthaber und zu resignierter Unterwürfigkeit der Machtlosen. Zwar erkannte er die kommende Entfaltung der Gesellschaftsordnung, versuchte sie aber in möglichst ruhige, organische Übergänge zu geleiten. Vor allem suchte er gewaltsame Änderungen zu vermeiden.

Carl Jacob Burckhardt schrieb, daß »Metternich wie kein anderer die Gefährlichkeit der flüchtigen Zeitideen, die den dumpfen und ziellosen Leidenschaften der wechselnden Generationen entgegenkommen, um dann uralte Leistung, uralte Erfahrung zu zerstören, klar erkannte«. Er versuchte vor allem harten Auseinandersetzungen aus dem Wege zu gehen.

Diese Kunst des Verhandelns erweckte angesichts der herrschenden sozialen Zustände im Laufe des 19. Jahrhunderts tiefes Mißtrauen unter seinen Zeitgenossen. Trotzdem hat gerade dieser »Geist der Reise« zum Entstehen der längsten Friedensperiode beigetragen, die den europäischen Völkern seit Jahrhunderten gegönnt wurde.

Das Geschichtsbild meiner »liberalen« französischen Erziehung hatte mich grundsätzlich gegen die Persönlichkeit des Staatskanzlers Fürst Metternich eingenommen. Die Erfolge seiner Politik wurden ausnahmslos Talleyrand zugeschrieben. Die russische Tradition war nicht viel anders, denn beide Kaiser, Alexander I. und Nikolaus I., fühlten sich von Metternich umgangen, fast verraten.

Das Schicksal hat es aber gefügt, daß es mir zufiel, inmitten seiner Besitzungen, seiner Sammlungen und seines schriftlichen Nachlasses zu leben. Ich lernte es, seinen Gedanken zu folgen, seinen Absichten nachzuforschen. So änderte sich diese vorgefaßte Meinung zu einer echten Sympathie für den Menschen und Verständnis für seine Ansichten, die in unserer von totalitären Mächten zerwühlten Zeit wieder so aktuell geworden sind.

Wie viele Staatsmänner seiner Zeit, schien Metternich oft wichtige Entschlüsse fast nebenbei zu fassen, um gesellschaftlichen Veranstaltungen seine ganze Aufmerksamkeit zu widmen. Aber in Wirklichkeit waren seine Geduld und sein Fleiß ebenso überwältigend wie die Reichweite und Vielfalt seiner Interessen. Seine Bibliotheken und Sammlungen füllten das Museum von Schloß Königswart, denn seine Häuser bewahrten seine Ausstrahlung. Sie waren gemäß seinem unfehlbar guten Geschmack zu anziehenden Landwohnsitzen ausgestaltet. Umliegende Gärten oder Parks wuchsen zu einem Ganzen zusammen, so daß die Gebäude sich jeweils mit der Landschaft zu verschmelzen schienen. Es war alles sorgfältig geplant, jedoch mit einem Hauch von Zufälligkeit. Das Gleichgewicht wurde so vollkommen, daß das Schlagen eines Baumes, das Umhängen eines Bildes die wohlüberlegte Harmonie gefährden konnte.

Der Schriftsteller Varnhagen sagte einmal über den Kanzler: »Seine Gegenwart breitete Wohlbehagen aus.« So haben wir es auch ein Jahrhundert später noch immer empfunden.

Metternich muß jede Gelegenheit zum Schreiben ergriffen haben, und da er sich mit schönen Gegenständen umgab, waren die Schreibtische in jedem Zimmer ebenso verschieden wie ausgesucht schön. Er wollte alles um sich herum geordnet wissen. Im Archiv fanden sich zahlreiche Zettel und Memoranda, die sich auf jede kleine Einzelheit der Verwaltung seiner Güter, selbst auf das Pflanzen von Bäumen, bezogen. In Schloß Johannisberg am Rhein wurden auf seine Weisung hin Lackfarben statt Qualitätsstufen auf den Weinflaschen eingeführt, »als Höflichkeit gegenüber den Gästen, denen man nicht einen als ›gering‹ bezeichneten Wein vorsetzen könnte«.

Er fand aber auch Zeit, sich um die kleinsten Details des Lebens zu kümmern: Er traf Anordnungen für die Einrichtung der Kinderzimmer, schlichtete Streitfragen zwischen der Gouvernante und dem

Schreibzimmer Fürst Metternichs in der Staatskanzlei

Personal. Dabei ließ er jeden Menschen in seiner Eigenart gelten und scheint seiner Familie schmerzlich gefehlt zu haben, wenn er auf Reisen war. In einem Brief an seine Frau vom März 1814 aus Dijon – einer Station auf seinem Weg nach Paris bei der Verfolgung des geschlagenen Napoleon – beschrieb er ein »Kleidchen mit dazupassenden Pantaletten (Höschen)«, das die kleine Tochter seiner Wirtin trug und er eben kopieren ließ und seiner dreijährigen Tochter Léontine durch Kurier nach Hause senden würde. Er fügte hinzu, daß seine Lorel wohl wisse, sein wahrer Beruf wäre, »Kindsfrau« zu sein. Das Buch »Metternich und die Herzogin von

Sagan« von der amerikanischen Historikerin D. McGuigan schildert die oft stürmische Liebesgeschichte zwischen Metternich und der Herzogin vor und während des Wiener Kongresses. Metternich scheint dabei den Ausgleich zu den oft übermenschlichen Anspannungen dieser Zeit in seinem Vertrauen zu einer schönen, klugen und verständnisvollen Frau gefunden zu haben. Trotz des etwas emphatischen Stils kommt in seinen Briefen an die Herzogin ein ganz anderer Mensch zum Vorschein, als ihn die meisten Biographen des 19. Jahrhunderts haben wollten. Er zeigt sich warmherzig, nachsichtig, einfühlend. Er hilft mit Dienerschaft und besorgt Fehlendes, als Wilhelmine um seine Hilfe vor einem wichtigen Abendessen bittet. Er wußte, daß »Frauen die Scharniere des Lebens ölen«. Diese Erkenntnis machte ihn selbst zum angenehmsten Gastgeber und Mittelpunkt eines großen Freundeskreises.

In dieser Epoche seines Lebens war seine sowohl diplomatische wie politische Tätigkeit schwindelerregend, doch flößte seine Gegenwart Beruhigung und Zuversicht ein. So konnte Goethe 1813 schreiben: »Er gehört zu den Personen, die auf den obersten Stufen des irdischen Daseins der höchsten Bildung teilhaftig geworden sind und deren Eigenschaften uns die tröstliche Versicherung einflößen, daß Vernunft und Menschlichkeit die Oberhand behalten und ein klarer Sinn das vorübergehende Chaos bald wieder regeln wird.«

Mädchenzimmer der Prinzessin Léontine in der Staatskanzlei

In einem Brief an seine Tochter Marie vom 3. März 1814 aus Chaument schreibt Fürst Metternich: »Léontine muß mich für ein mythisches Wesen halten, denn sie hört von mir reden wie von Neptun oder Merkur ... Ich schreibe Euch zwischen einer Konferenz, die zu Ende geht, und einer anderen, die anfängt.« Drei Wochen später schrieb er seiner Frau aus Dijon, wo er von seinem Kaiser festgehalten war, da dieser nicht selbst seine Tochter vom Thron stürzen wollte: »... Ich wohne hier bei einer Frau, die zwei kleine Kinder hat: ein kleines vierjähriges Mädchen und einen dreijährigen Buben. Sie verbringen ihre ganze Zeit in meinem Zimmer – wir sind die besten Freunde. Ich habe für Léontine ein Kleidchen wie das von diesem kleinen Mädchen bestellt und glaube, daß sie es hübsch findet. Es ist ganz kurz und dazu von Pantaletten (kleine hervorstehende Höschen) begleitet. Das Kleidchen hat keine einzige Falte und trifft mit dem nächsten Kurier ein.«

Dieselbe kleine Léontine, zum Backfisch herangewachsen, wird nach dem Tode ihrer zwei reizenden Schwestern und ihrer Mutter zur Stütze und fast zur Freundin ihres Vaters, der sich seinerseits sehr um sie kümmert, sofern er sich von den Staatsgeschäften frei machen kann. Sie führt ein Tagebuch sowohl in deutsch wie auch in französisch.

In diesen Aufzeichnungen erscheint der »Kutscher Europas« als zärtlicher Vater, der sich viel in Gesellschaft seiner Kinder aufhielt, selbst in entscheidenden Momenten der europäischen Geschichte. Hierin notiert sie eifrig die kleinen Bälle, an welchen sie teilnimmt, ihre Tänzer – unter welchen sich der junge Herzog von Reichstadt befindet –, ihre Zwistigkeiten mit der Gouvernante und ihre große Liebe für den älteren Bruder Victor, für ihren Vater und ihre Freundin, die kleine Ida von Liechtenstein. Im Hintergrund spielt sich ein wahrer Roman ab zwischen der reizenden Antoinette von Leykam, ihrem Bruder und ihrem Vater, der letzten Endes die Antoinette heiratet.

Victor hatte sich in die reizende Antoinette von Leykam verliebt. Die Heirat war aber nicht standesgemäß, so wurde diese ihm vom Vater ausgeredet. Versetzt zur österreichischen Botschaft in Paris, entwikkelte Victor eine Zuneigung zu einer französischen Dame. Um die gesellschaftliche Stellung Antoinettes in Wien nicht zu gefährden, bestand inzwischen Metternich darauf, daß sie öfters von Léontine eingeladen wurde; bald verliebte er sich selbst in sie, und sie wurde zu seiner zweiten Frau. Zuvor fanden lange Gespräche mit Victor statt, denn Metternich hätte diesen Schritt nie gegen den Willen seines Sohnes getan. Léontine verfolgte die Entwicklung mit Spannung und hörte Antoinette dem Bruder sagen: »Ich werde nie vergessen, was Sie für mich getan haben.« Im Tagebuch kommentierte sie kurz: »Es ist bei uns wie in ›Don Carlos‹!«

Diese zweite Ehe wurde außerordentlich glücklich. Aber die entzückende Antoinette, die alle Herzen gewonnen hat, stirbt im Kindbett nach der Geburt des kleinen Richard, des späteren Botschafters am Hof Napoleons III. In der Familie bricht alles zusammen. Lungenkrank wie seine Schwestern und seine Mutter, der Herzog von Reichstadt und so viele junge Leute seiner Zeit, stirbt auch bald der schöne Victor im Kreise seiner verzweifelten Familie.

Hier hört das Tagebuch jäh auf, als ob Léontine nicht mehr die Kraft gehabt hätte, ihren fröhlichen Bericht von Bällen und Tänzen fortzuführen.

Der Sohn Napoleons, der Herzog von Reichstadt, Enkel des österreichischen Kaisers, war oft bei Metternich zu Gast. Als romantische Gestalt wurde der junge Prinz von Léontine und ihren Freundinnen tief verehrt. In einer Schublade entdeckte ich einen handgeschriebenen Brief der Kaiserin Marie Louise, Mutter des Herzogs von Reichstadt, der einige Andenken ihres verstorbenen Sohnes begleitete und worin sie Metternich dankte, »für alles, was er für ihn getan hatte«. Napoleons Sohn war für Metternich ein Pfand für die Zukunft. Er glaubte nicht an das Bestehen der bourbonischen Dynastie in Frankreich und meinte, daß nach dem Tode Napoleons sein Sohn eventuell wieder den Thron in Frankreich besteigen könnte und die Versöhnung mit der Vergangenheit verkörpern würde.

Metternich pflegte zu sagen, er sei zu früh oder zu spät geboren. Seine Persönlichkeit ist vielen lange unverständlich geblieben. Durch das Aufkommen des Nationalismus und des Liberalismus im 19. Jahrhundert haben sie in seinem großartigen Konzept des friedlichen europäischen Gleichgewichts nur Zensur und Repression gesehen. Und doch, wie Metternich selbst kommentiert: »So leicht, wie sich die Leut' das vorstellen, ist es doch nicht gewesen, Europa den Frieden zu bewahren.« Besonders nach dem letzten Weltkrieg und dessen verheerenden Folgen für Millionen von Menschen war es für uns tröstlich zu wissen, daß er für unsere Probleme Verständnis empfunden hätte, denn wir waren Opfer derselben Übel, gegen die er damals verbissen kämpfte.

Tatiana Metternich

Eine Tochter Metternichs

Kein Geringerer als Carl J. Burckhardt hat darauf hingewiesen*, wie unsere Zeit immer wieder mehr oder weniger erfolgreich bemüht ist, das überpersönliche »Phänomen Metternich« zu ergründen. Der Fürst selbst hat übrigens diesen Gang der Dinge vorausgesehen, als er 1820, also ein paar Jahre bevor noch seine Tochter Léontine ihr nun vorliegendes Tagebuch begonnen hatte, erklärte, er sei eben zu früh oder zu spät auf die Welt gekommen: »Ich hätte um 1900 geboren werden und das 20. Jahrhundert vor mir haben sollen.«

Vorkämpfer einer europäischen Solidarität in einer Zeit, als Begriffe wie Pan-Europa den meisten Menschen kaum viel bedeuten konnten, viele Ideen eines Völkerbundes (der aber erst sehr viel später geboren werden sollte) vorausahnend, ist Clemens Metternich als einer der ganz großen Diplomaten aller Zeiten in die Geschichte eingegangen. Unbeirrt auf seiner »voie confidentielle« voranschreitend, hat er es verstanden – trotz Ungunst einer Zeit, die dazu eben noch nicht reif war –, in Europa ein

* S. Vorwort zu Breycha-Vauthier: »Maximen des Fürsten Metternich«.

politisches Gebäude kunstvoll und mühsam aufzurichten, worin über ein Menschenalter hindurch der Welt der Friede beschert war und selbst darüber hinaus kleinere Kriege lokalisiert werden konnten. Trotz dieser einmaligen Leistung wußten aber Historiker und besonders solche, die es zu sein vermeinten, des öftern ganz greuliche Dinge über den politischen Menschen Metternich zu berichten.

So ist es nicht verwunderlich, wenn nunmehr unsere Zeit bemüht ist, sein uns durch Generationen überliefertes Denkmal zunächst ein wenig abzustauben, um ihm unbeschadet aller Glossen, Kommentare und Urteile, welche die klare Sicht vielfach behindern, sein ursprüngliches Leuchten wiederzugeben. Ohne zu belehren oder ein politisches Buch sein zu wollen, vermitteln uns diese Tagebuchseiten hierzu vieles, denn sie zeigen in einfacher Unmittelbarkeit das Leben, das seine Tochter von ihrem 14. bis zum 18. Jahr an der Seite des Vaters verbrachte, wie sie ihn sah und was sie im Familienkreis miterlebte und all die Leute, die dort aus und ein gingen und die sie oft sehr treffend charakterisiert. Ein intimes Familienbild und diese kleine Geschichte bringt uns auch der großen Geschichte ein gutes Stück näher. Auf dieser Bühne des »theatrum mundi« agieren viele berühmte Figuren ihrer Zeit, ein Hauch vom Wien des Biedermeier bildet die Kulisse, indes die große Politik, unaufdringlich, aber stets präsent, den nachdenklichen Fond liefert.

Erst kurz bevor ihre Blätter beginnen, hat Clemens

Metternich seine Frau verloren, und nachdem ihm bereits 1820 seine beiden Töchter Clementine und Marie durch einen frühen Tod entrissen worden waren, blieben sein Sohn Victor und Léontine mit einer kleinen Schwester allein übrig. Mit ihren 15 Jahren zwar oft noch ein richtiges Kind geblieben, war sie sich aber doch bereits ihrer Verantwortung bewußt, wenn es hieß, im Haus des Vaters die Honneurs zu machen. Der Zusammenklang von kindlicher Frische und Weltgewandtheit tönt sympathisch aus allen Seiten dieses Jungmädchen-Tagebuchs, das von der großen Welt zur inneren Landschaft des Herzens wechselt und in dem Kunst und Musik über allem schweben. Sympathisch, aber auch ergreifend, wie der Vater ihr ankündigt, daß er ihre nur um fünf Jahre ältere Freundin, die Antoinette Leykam, heiraten werde. Sie hält es zunächst für unmöglich, daß der vergötterte Papa nun gerade dieses Mädchen, das sie doch dem Bruder Victor, der auch in sie verliebt war, nicht gewünscht hatte, nun selbst ehelichen werde, und glaubt, das nicht überleben zu können. Aber diese trübe Stimmung überdauert kaum den Tag. Die Sorge um das Glück des Vaters, der Gedanke an die Mutter, die eine Wiederverehelichung sicherlich gebilligt hätte, verdrängen alles andere. Léontine selbst ist es, welche die junge Braut, eine Außenseiterin, bei den alten Verwandten und all den Tanten einführt, dazu sie gut berät, damit nur alles ordentlich abläuft, bis sie nach kaum einem Jahr diese Stiefmutter, die ihr zur besten

Freundin geworden war, durch den Tod im Kindbett verliert.
Trotz all diesen Schicksalsschlägen fließt aber dennoch das Familienleben der Metternichs harmonisch weiter dahin, und mit Recht konnte Clemens einer großen Freundin schreiben: »Wenn Du wissen willst, ob ein Mann ein guter Freund sein kann, so frage Dich, wie er als Sohn, wie er als Vater ist.«
Gute Beobachter – die schönsten Zeugnisse kamen übrigens von solchen, die dem Fürsten politisch gar nicht sehr nahestanden, etwa von dem vielgereisten Varnhagen – konstatieren nach häufigem Beisammensein, daß seine Gegenwart »Behagen verbreite«. Solches Behagen spricht auch aus diesen Seiten, wo Triviales, Nachdenkliches, aber auch Tragik, so wie es das Leben eben bringt, abwechseln. Léontines geliebter Bruder Victor hatte in Paris, wo er als junger österreichischer Diplomat der Botschaft zugeteilt war, eine dort berühmt gewordene Freundschaft mit der Duchesse de Maillé, der späteren Marquise de Castries, und Léontine notiert besorgt: »Victor hat eine recht unangenehme Geschichte mit der Marquise. Sie hat nun ein Kind von ihm, und der Papa ist sehr böse mit ihm, wie natürlich.« Nun, das Bösesein hatte seine Grenzen; ein Jahr später stirbt Victor, wohingegen sein Sohn Baron Roger Aldenburg österreichischer Diplomat und später Geheimer Rat werden sollte, in der Metternichschen Familie, die er treu umsorgt, aufgeht

und nun in der Familiengruft zu Plaß neben seinem Vater, dem Fürsten gegenüber, ruht.
Ihrer Mutter Léontine hat Pauline Metternich in ihren Erinnerungen ein schönes Denkmal gesetzt, wenn sie von ihr als der weiblichsten unter den weiblichen Frauen spricht und deren stille, zurückhaltende Persönlichkeit, ihre ruhige Besonnenheit preist. Die Art, wie so ein Wesen heranwächst, welches keine Mutter mehr hatte, weist auf den Vater hin und die Atmosphäre, in der es groß wurde. Noch kurz vor seinem Tod hatte der alte Fürst dem Komponisten Rossini, seinem bewunderten Freund, geschrieben: »Die Welt braucht Harmonie, und ich liebe leidenschaftlich diese Macht, deren Reich ein weites ist, das viele Teile zählt.«
In jenem Reich war Léontine aufgewachsen, und aus diesen Seiten klingt noch heute etwas von dieser Harmonie zu uns herüber.

Dr. Breycha-Vauthier

Erster Teil

(Original in französisch)

7. März 1826
bis
21. Dezember 1826

Suite du Journal
de 1826 commencé à Vienne.

Lundi 7 Mars.

Nous avons reçu aujourd'hui des nouvelles de Vielen, que Lewitzky nous a apportées, qui a dîné chez nous avec grand Maman. Papa va tout-à-fait bien son oeil n'est plus du tout enflé. Nous avons été le soir avec Tante Saulain au spectacle.

Mardi 8 Mars.

Je suis sortie avec Papa nous avons été au jardin, où Papa a désigné toutes les différents travaux. Nous avons eu la Ctesse Strecht, Felsetti Stor et plusieurs autres personnes à dîner, le baron Rico nous a bien fait rire, et je me suis très bien amusée. Nina est venue chez Nina, j'ai pris ma leçon le soir et nous ne sommes pas allés chez grand Maman. La pauvre Victoire est morte hier après avoir bien souffert.

Jeudi 9 Mars.

Nous avons voulu faire une visite à Mme Marchal pour sa fête, mais nous ne l'avons pas trouvée. Nous avons été au chateau puis nous avons fait une visite à grand Maman, à 4h. C'était aujourd'hui l'enterrement de Victoire, Joséphine y est allée. Papa a dîné à la maison seul avec nous, nous avons eu une soirée chez nous, où nous avons joué aux charades avec notre petit théâtre. J'ai aujourd'hui des crampes dans tout le corps.

Vendredi 10 Mars.

Nous avons fait notre promenade au Prater comme toujours, puis nous avons dîné avec Papa chez grand Maman, Papa a eu une grande peur en apprenant tout-à-coup que l'Empereur était très mal, il est en effet malade mais pas si mal comme on avait dit. Hermine est allée au spectacle avec les Wilton mais moi je suis restée à la maison pour prendre ma leçon.

Samedi 11 Mars.

Il faisait superbe, nous avons été au Prater mais il n'y avait pas beaucoup de monde. La Princesse Zamboni, et les Leykam sont venus pour dîner, il y avait en tout 12 personnes. Nous avons été le soir chez grand Maman l'impératrice va déjà beaucoup mieux. — Papa est venu le matin chez moi. —

Dimanche 12 Mars.

La Comtesse Fuchs est venue le matin chez nous, elle est restée jusqu'à midi. Nous avons été au Prater où il y avait beaucoup de monde j'ai été me promener avec Lulu Dietrichstein. Papa a dîné à la maison je ne l'ai presque pas vu. — Le soir nous avons eu une soirée chez les Clary où je me suis très bien amusée. Mes crampes continuent toujours.

Lundi 13 Mars.

Nous avons été nous promener au Prater, cependant, où il n'y avait pas beaucoup de monde. Ilou et son mari et la Ctesse sont

Dienstag, 7. März 1826
Levitzky hat uns heute Nachrichten von Victor gebracht. Er hatte bei uns mit Großmama diniert. Papa geht es wieder ganz gut, sein Auge ist nicht mehr geschwollen. Wir waren abends im Theater.

Mittwoch, 8. März
Ich bin mit Papa ausgegangen. Wir waren im Garten, wo Papa die verschiedenen Arbeiten anordnete. Wir hatten Gräfin Fuchs, Flora und einige andere zum Diner. Fürst Reuss hat uns recht lachen gemacht. Teresina ist zu Hermine gekommen, abends machte ich meine Lektion. Die arme Victoire ist gestern nach langem Leiden gestorben.

Donnerstag, 9. März
Wir wollten Mme. Marchal eine Visite zu ihrem Geburtstag machen, aber haben sie nicht daheim gefunden. Wir waren im Prater und haben dann um ein Uhr Großmama besucht. Heute war das Begräbnis von Victoire, und Sophie ist hingegangen. Papa hat allein mit uns zu Hause diniert. Wir hatten eine Soiree bei uns und spielten Charaden auf unserer kleinen Bühne. Ich habe heute Krämpfe im ganzen Körper.

Freitag, 10. März
Wir machten wie immer unsere Promenade im Prater. Papa hat einen großen Schreck bekommen, als er plötzlich hörte, daß es dem Kaiser sehr schlecht

geht. Er ist tatsächlich krank, aber nicht so ernstlich, wie man sagt. Hermine ist ins Theater gegangen, aber ich blieb, um zu lernen.

Samstag, 11. März
Ein magnifikes Wetter. Wir fuhren in den Prater. Fürstin Zouboff und die Leykam kamen zum Diner, es waren im ganzen zwölf Personen. Abends waren wir bei Großmama. Dem Kaiser geht es schon viel besser.

Sonntag, 12. März
Gräfin Fuchs ist heute in der Früh zu uns gekommen und bis mittag geblieben. Im Prater waren viele Leute. Ich habe mit Julie Dietrichstein promeniert. Papa hat nicht zu Hause diniert, so habe ich ihn fast nicht gesehen. Abends hatten wir eine Soiree bei Clary, wo ich mich sehr gut unterhalten habe. Meine Krämpfe dauern noch an.

Montag, 13. März
Wir waren promenieren auf der Bastei. Flora und ihr Mann und die Fürstin sind zum Diner gekommen. Ich bin sofort danach hinaufgegangen, um meine Lektion mit Mme. Tardiveau zu nehmen. Es war tödlich langweilig. Wir haben die ganze Zeit dieselbe Dictée kopiert und rekopiert.

Dienstag, 14. März
Wir hatten den ganzen Tag tödliche Sorgen wegen der Krankheit des Kaisers. Graf Dietrichstein ist dreimal in der Nacht zu Papa gekommen. Man hat S. M. um drei Uhr in der Früh versehen. Eine riesige Menge wartet immer im Hof von der Burg, um Nachrichten zu bekommen. Wir waren in der Kirche, wo seit gestern das Allerheiligste ausgestellt ist, und die Theater sind geschlossen. Die Zichys sind zum Diner gekommen; Papa ging um sechs Uhr zum Kaiser und hat ihn viel ruhiger gefunden, auch seine Ärzte sind zufriedener.
Abends waren wir bei Großmama, wo Tante Pauline den ganzen Abend nur weinte. Flora ist auch hingekommen. Alle sind fürchterlich konsterniert.

Mittwoch, 15. März
Wir haben allein mit Papa diniert. Vormittags sind wir in die Schloßkapelle gegangen. Dem Kaiser geht es viel besser, abends war er ganz ohne Fieber und er ist außer Gefahr. Abends bei Großmama.

Donnerstag, 16. März
Es gab ein Diner, wir haben allein in unserem Zimmer diniert. Wir verbrachten den Abend bei Clary, wo es ein kleines Konzert gab. Die Féstétics sind auch gekommen. Herr Czerny hat sehr gut gespielt, sowie auch die Gouvernante von der kleinen Féstétics. Wir haben per Kurier Nachricht von Victor erhalten. Es geht ihm gut.

Freitag, 17. März
Wir haben nachmittags eine Stunde gehabt und sind dann ins Theater, wo man »Cougier« gab und wo man »Gott erhalte« zur Genesung des Kaisers gesungen hat. Das Stück war recht langweilig, und wir haben alle geschlafen.

Samstag, 18. März
Wir fuhren in den Prater, wo ein Rennen war und viele Menschen, trotz miserablen Wetters. Wir haben bei Großmama diniert und sind mit Papa hinterher zum Te Deum ins Oratorium gegangen und dann ins Theater, wo man »Gott erhalte« gesungen hat. Die Erzherzöge waren da, allein ich mußte nach dem ersten Aufzug weg, um eine Lektion bei der kapriziösen Tardiveau zu nehmen. Sie hat das ganze Getu' erfunden, um mich zu sekkieren, und ennuyiert mich manchmal fürchterlich.

Sonntag, 19. März, Karwoche
Heute ist der Todestag unserer lieben und guten Mama. Wir waren in der Michaelerkirche, wo wir einen Teil der Messe gehört haben. Nachher waren wir in der Kapelle, wo Fürstin Kaunitz und Caroline hingekommen sind. Wir haben im Prater promeniert, wo viele Leute waren, aber mußten bald zurück, weil Mme. Tardiveau eine Pest ist.
Wir haben allein mit Papa diniert.

Montag, 20. März, Karwoche
Wir waren in der Kirche, um eine Messe für Mama zu halten.

Dienstag, 21. März, Karwoche
Flora, Clam und Gentz sind dinieren gekommen, und ich habe mich sehr ennuyiert. Wir waren wieder bei Großmama. Ida Liechtenstein hat mir ein entzückendes Armband aus ihren Haaren geschenkt, was mich ordentlich freute.

Mittwoch, 22. März, Karwoche
Wir waren in der Kirche und haben von unseren Lehrern Abschied genommen. Wir haben mit Papa diniert, und ich bin allein bei ihm geblieben. Dann sind wir zu Großmama gegangen.

Donnerstag, 23. März, Karwoche
Um neun Uhr in der Früh waren wir bei der Zeremonie der Fußwaschung. Wir haben befürchten müssen, daß Mme. Marchal uns plantiert hätte, und sind allein weggegangen. Der reizende Baron L. hat uns so gut beschützt, daß wir exzellente Plätze bekamen, eine Tribüne für uns allein. Aber wir hatten das Pech, zwei geschlagene Stunden warten zu müssen. Nachher waren wir in der Kirche und dann bei Großmama. Zu Hause haben wir die Liechtensteins vorgefunden, weil sie abends nicht kommen konnten. Mme. Hitroff ist mit Catisch zum Diner gekommen. Wir sind den ganzen Abend zu Hause geblieben.

Freitag, 24. März, Karwoche
Wir waren wieder in der Michaelerkirche heute. Es waren viele Leute, und obgleich wir im Oratorium waren, haben wir viel Mühe gehabt, Plätze zu finden. Nachher sind wir die Gräber in vier Kirchen besuchen gegangen. Die von St. Stephan und von St. Michael sind die schönsten. Den Abend verbrachten wir zu Hause und haben ein deutsches Buch der Hermine vorgelesen.

Samstag, 25. März, Karwoche
Wir waren wieder in der Michaelerkirche. Ich habe gut für meine englische Lehrerin gearbeitet. Wir sind zum Priester, wo es nicht zu garstig war, obgleich es viel geregnet hatte. Wir waren zum Diner allein mit Papa und Floret. Zur Auferstehung saßen wir in der Michaelerkirche in Großmamas Tribüne und sind mit ihr bis acht Uhr geblieben. Dann sind wir nach Hause gekommen, und ich habe die Preise für unsere Lotterie vorbereitet.

Sonntag, 26. März
Heute ist Ostersonntag. In der Früh waren wir in der Kirche zum Hochamt und sind dann im Prater im Wagen promenieren gefahren. Die Liechtensteins sind zu uns gekommen, und wir haben eine Lotterie arrangiert, bei welcher ich mehr verloren als gewonnen habe. Zum Diner waren wir bei Großmama, wo wir den Osterkuchen gegessen haben. Dann gingen wir in den Salon.

Montag, 27. März
Wir hatten befürchtet, daß die Liechtensteins uns nicht einladen, aber dann haben sie es doch getan. Gräfin Fuchs und die Prinzessin von Kurland kamen mit Prinz Reuss zum Diner.

Dienstag, 28. März
Unsere Lektionen haben seit einigen Tagen wieder angefangen. Wir haben im Prater mit den Leykams und Fürstin Therese promeniert. Die Zichys sind zum Diner gekommen. Henriette hat angefangen, das Zimmer von Papa zu zeichnen. Wir waren in der Burg zum Debüt von Mlle. Löwe, die nicht schlecht spielte. Ich finde, sie ist Marie Kinsky ähnlich.

Mittwoch, 29. März
Wir waren zum Diner allein mit Papa, und ich bin lange mit ihm allein geblieben.

Donnerstag, 30. März
Ich bin zum Spektakel mit Antoinette gegangen: Es war ein sehr hübsches Stück, das mich sehr unterhalten hat. Wir gingen dann zum Rennen.

Freitag, 31. März
Wir haben eine »Fête« arrangiert für morgen, den ersten Abend, den Ida bei uns verbringt. Der Prinz Emil von Darmstadt ist zum Diner gekommen mit den Leykams und Frau von Tettenborn.
Ich sollte zum Ball bei Hatzfeldt gehen, aber Papa befürchtete, er würde zu lange dauern.

Samstag, 1. April
Wir haben den ganzen Tag gearbeitet, um unser Theater vorzubereiten. Auf der Bühne haben wir von Warson schreiben lassen: *»Es lebe hoch unsere wiedergeschenkte Ida.«* Wir haben eine Allegorie gespielt: Ich war die Freundschaft, Louis die Freude, Léontine (Clary) der Eifer, Hermine das Verdienst und Tini die Güte. Ida hat es sehr hübsch gefunden. Sie schaut nicht schlecht aus, und ich bin froh, sie wiederzuhaben.

Sonntag, 2. April
Ida ist gekommen, mich zur Promenade abzuholen. Wir waren in den Straßen, und dann bin ich zu ihr gegangen, und wir blieben in den Zimmern der Fürstin. Ich habe mich sehr gut unterhalten. Wir haben dann bei Großmama diniert und sind bis sieben Uhr geblieben. Wir hatten keine Soiree, weil wir morgen zur Beichte gehen, Hermine zum ersten Mal.

Montag, 3. April
Abends waren wir bei Großmama und haben mit den Württembergs Gänsespiel gespielt. Wir haben viel gelacht.

Dienstag, 4. April
Wir waren im Theater, um »Drei Gefangene« zu sehen – ein recht blödes Stück.

Mittwoch, 5. April
Abends bei Großmama. Zum Diner waren nur Herren, was fürchterlich langweilig war. Der Herzog von Béjar ist nach dem Diner zu Papa gekommen.

Donnerstag, 6. April
Fürstin Therese und die Leykams haben bei uns diniert. Dann sind wir zum Ball Esterhazy gegangen, wo wir uns sehr gut unterhalten haben. Es waren nicht viele Tänzer, aber wir haben dem Mangel abgeholfen, indem wir untereinander getanzt haben. Es dauerte bis halb zwölf.

Freitag, 7. April
Hermine hat heute Namenstag. Sie bekam viele Präsente. Ich habe ihr zwei bemalte Schnupftücher gegeben. Großmama und Mme. Hitroff sind zum Diner gekommen. Wir haben abends ein kleines Fest für sie arrangiert. Wir machten eine Charade mit dem Wort Namenstag. Zuerst »Name« mit dem Wort »Hermine« in Gold auf rosa Crêpe geschrieben.
Das zweite: »Tag«, haben wir mit einer Darstellung von dem Tag und von der Nacht gemacht und dazu ein Ballett mit Blumenbouquets getanzt. Wir mußten es zweimal für Papa wiederholen. Die Liechtensteins und wir haben uns sehr gut miteinander unterhalten. Das Ganze hat bis zehn Uhr gedauert.

Sonntag, 9. April
Es ist magnifikes und warmes Wetter. Der Kaiser ist heute zum ersten Mal ausgegangen, es war eine enorme Menge auf der Bastei, um ihn vorbeifahren zu sehen, und wir waren gerade zur Messe unterwegs. Wir haben ihn im Prater gesehen, wo viele Leute waren. Nachmittags bin ich wieder hin mit Papa. Ich bin abends mit Tante Pauline in der Kalesche ausgefahren, denn die Stadt war schönstens illuminiert.

Montag, 10. April
Wir sind zum ersten Mal in der Kalesche im Prater gewesen. Es war recht heiß. Teresina ist zum Diner gekommen. Papa war nicht zu Hause. Wir haben abends die Mazurka getanzt.

Dienstag, 11. April
Vormittags waren wir im Prater, wo wir mit Leykams Veilchen gepflückt haben. Zichys kamen zum Diner mit Caraman und Floret.

Donnerstag, 13. April
Heute war ein enormes Diner nur für Herren. Flora war die einzige Dame, und ich habe mich gut unterhalten. Ich sehe sehr viel von Ida. Heute haben wir eine Soiree bei ihr. Heute früh hat man die Messe über dem Burgtor gelesen. Leider war das Wetter miserabel, was viel von der Schönheit des Anblicks wegnahm. Es waren viele Leute bei uns.

Freitag, 14. April

Wir hatten ein großes diplomatisches Diner für die englische Botschafterin. Miß Charlotte war sehr aimable, aber sie ist nur zeitweise komisch. Abends war ich bei Großmama, wo ich schon lange nicht gewesen war.

Samstag, 15. April

Wir sind in der Rossau mit Ida promenieren gegangen, um Veilchen zu pflücken. Ich mag Ida so gern leiden; sie ist so gut für mich. Die Leykams, Fürstin Marie und Louis der Jüngere sind zum Diner gekommen. Nach dem Diner sind wir die Tiere anschauen gegangen und blieben lange davor stehen. Dann habe ich zu Hause meine Lektion genommen, und wir gingen zu Großmama.

Sonntag, 16. April

Wir sind abends zu Clary gegangen und haben uns sehr gut unterhalten. Die Féstétics waren auch dort.

Montag, 17. April

Gräfin Fuchs ist zum Diner gekommen, aber Papa war bei der Botschafterin. Lori blieb bei uns bis sechs Uhr. Sie war wieder ganz traurig, was oft bei ihr der Fall ist. Wir haben das Hochzeitskleid für Nani gekauft.

Dienstag, 18. April
Wir haben allein diniert und sind dann zum Spektakel, um »Aufruhr« zu sehen. Ein hübsches Stück, das mir sehr gefallen hat. Ich habe Papa nur kurz gesehen.

Mittwoch, 19. April
Papa hat immer noch nicht zu Hause diniert. Teresina ist zu uns gekommen. Wir haben bei unserer Soiree getanzt, wo Papa mir erlaubt hatte zu sein. Es war sehr unterhaltend, aber ich hatte das Unglück, mich zuerst in Weiß anzuziehen, und mußte mich dann umziehen. Wir haben bis ein Uhr nachts getanzt.
Meine Tänzer waren: 1 – Wellesley, 2 – Bussier, 3 – Taxis. Cottillon mit Carlo Liechtenstein und 4 – Spencer.

Donnerstag, 20. April
Wir haben wieder allein diniert. Wenn Papa einmal anfängt draußen zu essen, so hört das nimmer auf. Die Liechtensteins sind zu uns gekommen: Wir haben Charaden gemacht und uns recht gut unterhalten. Ich habe gestern entzückende Kleider von meinem lieben Victor erhalten. Ich glaube, daß es keinen besseren Bruder auf dieser Welt gibt.

Freitag, 21. April
Großmama und Tante Pauline sind zum Essen gekommen, und nachher sind wir mit Papa in den

Garten gegangen. Dann haben wir gelesen und sind nicht ausgegangen.

Samstag, 22. April
Hermine ging nicht aus, weil sie einen enormen Schnupfen hat.

Sonntag, 23. April
Ich habe den Abende bei Féstétics verbracht, wo wir Charaden spielten. Bei ihnen ist es immer in großer Aufmachung. Man hat uns unten in den Salon gesteckt. Ich habe mich fast mit Ida bronilliert, weil sie immer alles machen will.

Montag, 24. April
Wir haben heute früh eine Visite bei der Léontine Clary, die ein sehr wehes Auge hat, gemacht. Nachher ging ich im Prater spazieren. Die Zichys sind zum Essen gekommen. Ich bin zur Prüfung von Christine gegangen, aber wir kamen zum Schluß. Der Tanz war recht amüsant.

Dienstag, 25. April
Wir sind zu Fuß zur Messe gegangen, und ich mußte die Führerin machen, denn weder Christine noch Mlle. Tardiveau wußten den Weg. Heute war ein Essen mit Tanz im Wintergarten vom Kaiser. Papa hat nicht erlaubt, daß ich teilnehme, und ich war darüber recht verärgert.

Mittwoch, 26. April
Abends wurde bei uns getanzt. Der Ball dauerte nur bis zwei Uhr, und es gab auch ein Souper. Mein Lieblingstänzer ist Louis Liechtenstein. Ich habe den ersten mit Taxis, den zweiten mit Lobkowitz, den dritten mit Fridberg, den vierten mit Louis Karoly, den Sturm mit Charles Hügel, die französische Quadrille mit Taxis und den Cottillon mit Spencer getanzt.

Donnerstag, 27. April
Wir hatten keine Soiree, worüber ich sehr faschiert war. Ich bin erst um zehn Uhr aufgestanden, was den ganzen Tag durcheinandergebracht hat. Wir haben allein gegessen mit Papa und Floret, und sind dann abends zu Großmama gegangen.

Freitag, 28. April
Wir waren in der Burg, wo man »Pauline« gab, ein neues, nicht sehr gutes Stück. Ich habe dort Ida gesehen. Wie gern ich sie habe, diese gute, liebe Ida. Ich mache keinen Unterschied zwischen ihr und meiner Schwester.

Samstag, 29. April
Wir haben den ganzen Tag im Garten gearbeitet. Das Theater eröffnete heute, und es gab eine schlechte Oper. Papa hat uns verboten hinzugehen. Er ist unpäßlich und hat einen starken Schnupfen.

Kalesche des Grafen Sandor

Sonntag, 30. April
Wir waren heute abend bei Clarys und haben »Tableaux vivants« (lebende Bilder) gemacht. Das Wetter ist miserabel.

Montag, 1. Mai
Man kann sich nicht vorstellen, daß man im Monat Mai ist. Es regnet in Strömen, und es ist entsetzlich kalt. Ich sollte ins Theater gehen und war sehr enttäuscht, es nicht zu können. Ich bin zu Ida mich trösten gegangen.

Dienstag, 2. Mai
Wir sind mit Tante Pauline zu den Leykams, wo man eine Messe probte. Graf C., begleitet von Schönstein, sang in der Perfektion. Wir waren zum ersten Mal im Kärntnertheater, wo man ein Ballett gab.

Mittwoch, 3. Mai
Dr. Götz kam zum Essen. Wir waren sehr erstaunt, ihn zu sehen. Abends waren wir bei Großmama, wo ich sehr witzig war.

Donnerstag, 4. Mai
Wir waren den ganzen Tag draußen. Vormittags haben wir in St. Peter die Messe gehört, und sie war wunderbar. Teresina ist bei uns geblieben, und nach dem Essen sind wir auf der Bastei spaziert. Abends waren wir bei Ida. Ich habe sie immer lieber, wenn ich allein mit ihr bin, als wenn viele Leute da sind.

Freitag, 5. Mai
Ich bin mit Papa in den Prater, und wir sind dann zu Fuß vom Stephansplatz nach Hause gekommen.

Samstag, 6. Mai
Wir waren heute beim Rennen. Carl Liechtenstein hat dreimal gewonnen. Wir sind so spät nach Hause gekommen, daß wir uns in Eile umziehen mußten. Der Kaiser ist zum ersten Mal ins Theater und wurde mit überwältigendem Applaus empfangen.

Sonntag, 7. Mai
Gräfin Karoly kam zur Messe bei uns. Sie ist sehr leidend und zu taub, um sich selber zu hören. Ich bin mit Papa ausgegangen, aber wieder so spät, daß ich mich in Eile zurechtmachen mußte. Großmama ist zum Essen gekommen. Wir haben eine Charade – »Arthémise« – gespielt.

Montag, 8. Mai
Wir spazierten im Prater in einem Regenguß und haben dort Caroline Trauttmansdorff zu Pferd getroffen und sie dann in unseren Wagen genommen. Die Leykams sind zum Diner gekommen, und wir gingen Kakulas anschauen: ein Mann mit weißen Haaren und roten Augen. Er ist sehr häßlich. Wir sind dann die Tiere von Acken anschauen gegangen, die mich schon zu langweilen anfangen. Ich war bei Großmama, wo wir Flore und Sedlnitzky gefunden haben, und während der ganzen Zeit waren wir wie auf Nadeln, um wegzugehen, weil wir fühlten, daß wir störten. Ida hatte einen großen Schreck: Ihr Bruder Louis ist vom Pferd gefallen. Unter allen Leuten, die man mir zum Heiraten vorschlagen könnte, würde ich ohne Zögern Louis wählen. Ich finde ihn sehr liebenswürdig, und er müßte ein excellenter Ehemann werden.

Mittwoch, 10. Mai
Wir haben bei Großmama mit Pepi und Papa gegessen und sind dann abends in die Oper. Sie haben alle entsetzlich gesungen. Ich habe schon lange keine Nachricht von Victor.

Donnerstag, 11. Mai
Nach dem Essen bin ich mit Papa auf die Bastei spazierengegangen. Es war ganz angenehmes Wetter. Wir hatten eine Soiree bei Moritz Liechtenstein und machten eine Charade, »Adieu«. Ida sagte mir, daß der junge Chorinsky Rondi Wrbna heiraten wird.

Freitag, 12. Mai
Nach dem Essen sind wir in die Synagoge gegangen. Es hat mich sehr interessiert, denn sie haben herrliche Stimmen. Wir haben dort die geschriebene Gesetztafel gesehen.

Samstag, 13. Mai
Wir haben heute früh unsere Jubiläumsstation angefangen, was ungefähr eine Stunde dauerte, und wir waren gar nicht müde.

Sonntag, 14. Mai (Pfingsten)
Wir waren zur Hauptmesse um zehn Uhr in der Michaelerkirche. Georgine Karoly ist zur Messe zu uns gekommen. Dann gingen wir im Garten vom Rennweg spazieren. Wir hatten eine Menge Leute zum Diner für die Herzogin von Sagan. Sie ist noch sehr schön, und ich finde sie wenig verändert. Abends sind die Liechtensteins gekommen, und wir haben das Stück, das wir für Papa geben wollen, geprobt. Es geht ganz gut.

Montag, 15. Mai (Fest)
Es ist Papas Geburtstag. Wir haben ihm beide ein Fest gemacht. Gräfin Fuchs ist in der Früh zu ihm gekommen. Wir haben bei Großmama gegessen mit Flora, Sepi und Floret, aber sind gleich nach dem Essen weg, um unser Theater und die Kostüme vorzubereiten. Das Stück ist sehr gelungen. Ich hatte mich als Barbier zurechtgemacht, und meine Haare

Kutsche der Herzogin von Sagan

»en coup de vent« frisiert. Unser Stück hat Papa sehr amüsiert, und er mußte viel lachen. Gräfin Fuchs, Großmama und Euphemie schauten auch zu. Den Rest des Abends haben wir discouriert.

Donnerstag, 18. Mai
Ich habe heute bei den Johannes Liechtensteins gegessen, wo ich mich recht gut unterhalten habe. Sie haben mich alle sehr sekkiert. Wir hatten eine Soiree bei uns für Helene Féstétics, die gottlob in einigen Tagen verreist, denn sie langweilt mich fürchterlich.

Freitag, 19. Mai
Wir haben dem Herzog, der vor kurzem angekommen ist, eine Visite gemacht. Er hat uns hübsche, vom Papst gesegnete Rosenkränze gegeben. Abends waren wir im Theater. Die Schröder spielt recht gut, sowie auch die Fichtener.

Samstag, 20. Mai
Wir promenierten im Garten und haben Teresina in ihrem Lobkowitz-Haus besucht. Wir sind einen Moment hineingegangen, aber haben alles recht schmuddelig bei ihnen gefunden. Abends war ich bei den Schwarzenbergs zu einer Komödie, wo ich mich gut unterhalten habe. Es gab »Jean qui rit et Jean qui pleut«. Es war um zehn Uhr zu Ende. Fritzi Liechtenstein war dort. Ich glaube, er kann mich nicht leiden, denn er meidet mich, wo er kann.

Sonntag, 21. Mai
Ich fürchtete schon, daß man uns abends nicht einladen würde, aber dann waren wir bei Clary. Ich habe diese arme Ida sehr sekkiert, und sie hat sich fast mit mir faschiert, aber sie ist so gut, daß eine Kleinigkeit sie das Vergangene vergessen läßt, und ich war so kapriziös, daß ich nicht einen Moment mit ihr aimable sein sollte.

Montag, 22. Mai
Wir haben heute erfahren, daß dieser arme Ingestre ins Wasser gefallen ist und tot ist. Ich bin mit Papa im Garten promeniert. Die Leykams sind auch gekommen. Die Hochzeit von Nani hat um sechs Uhr abends stattgefunden. Sie war schön zurechtgemacht und schien sehr zufrieden. Wir waren abends bei Großmama, die im Bett war.

Dienstag, 23. Mai
Wir haben unsere fünfte Jubiläumsstation gemacht. Nach dem Essen gingen wir mit Papa spazieren und dann zu den »Englischen Weibern«, was mich sehr amüsierte. Sie reiten sehr gut. Ich meine, von weitem Viktor Zichy gesehen zu haben. Ich weiß nicht warum, seit Preßburg, wo ich ihn soviel gesehen habe und er mir keinesfalls gleichgültig war, kann ich ihm nicht ohne eine gewisse Erregung begegnen. Ich weiß nicht, ob es vor Freude ist. Aber obgleich ich ihn längst vergessen sollte, hoffe ich immer, ihn zu sehen, und traue mich nicht, von ihm zu sprechen.

Mittwoch, 24. Mai
Ich bin mit Papa nach dem Essen im Garten spaziert. Wir waren im Theater zur »Schweizerfamilie«. Ida war auch da, und ich konnte mit ihr während der Pausen schwätzen.

Freitag, 26. Mai
Im Garten mit Ida spaziert und den Abend miteinander bei uns verbracht. Der arme Papa mußte allein in den Prater fahren, was mir sehr leid tat.

Samstag, 27. Mai
Siebte Jubiläumsstation. Ich wäre so gern zum Ballett gegangen, aber es sollte nicht sein. Wir waren bei Großmama, wo wir uns sehr ennuyiert haben. Gute Nacht, ich gehe schlafen.

Sonntag, 28. Mai
Ich bin heiser und habe es mir im Garten geholt, wo wir heute zum ersten Mal aßen. Wir hatten eine Soiree bei Ida, wo auch die Clarys waren. Da sie morgen verreisen, nahmen sie von uns Abschied. Wir waren morgens im Prater.

Mittwoch, 31. Mai
Wir waren im Garten mit Lori Fuchs und einigen anderen. Nach dem Essen bin ich mit ihr in den Prater, wo keine Katze war, weil das Wetter so miserabel war. Die Zichys sind schon auf das Land gefahren, und ich habe Viktor Zichy nicht mehr gesehen, was um so besser ist, denn da kann ich ihn gänzlich vergessen. Bei unserer Soiree schaute Lori recht schlecht aus.

Freitag, 2. Juni
Wir hatten eine Soiree bei meiner lieben Ida, zu welcher ich alle Tage gehe, weil sie bald wegfährt. Ich unterhalte mich am besten mit ihr allein. Wir waren bei Nani. Sie ist gut logiert, vor allem sehr sauber.

Samstag, 3. Juni
Ich habe in Dorbach bei den Schwarzenbergs gegessen. Wir waren bis zum Dorf, wo eine herrliche Aussicht ist. Ich bin mit Eleonore Windisch-Graetz und ihren Kindern hin und bin erst um neun Uhr zurück, wo ich Ida vorfand, schon im Weggehen, als ich ankam, was mir außerordentlich leid tat, weil

ich Ida über alles gern habe. Wir sind wie zwei Schwestern.

Sonntag, 4. Juni
Die Herzogin von Sagan hat im Garten mit Gräfin Potocka gegessen. Wir gingen dann lang spazieren. Ida kam abends zu Maries. Sie verreist in einigen Tagen, was mich sehr betrübt.

Dienstag, 6. Juni
Die Leykams sind im Garten essen gekommen. Wir kehrten zurück und fingen die Lektion an, als Ida ganz unerwartet erschien, obgleich ich fort durch die Tür schaute, um zu sehen, ob sie kommen würde. Sie erzählte mir, daß ihr Bruder Franzi immer ein Armband mit den Haaren der schönen Fürstin trägt.

Mittwoch, 7. Juni
Wir haben heute bei Großmama mit dem Herzog gegessen. Er ist langweiliger denn je. Dann gingen wir zum Prater, wo nicht viele Leute waren. Abends ist Ida wie immer zu uns gekommen.

Donnerstag, 8. Juni
Heute haben wir die 13. Station unseres Jubiläums gemacht. Wir wollten zum Ballett, aber die böse Kleine wollte nicht. Wir hatten Leute zum Diner, unter anderen Schönfelds, Nandine und Ch. Nachher ging ich spazieren im Prater mit Nandine. Ida ist abends zu uns gekommen, und wir haben die ganze Zeit discouriert.

Freitag, 9. Juni
Die glückliche Zeit, wo Ida zu mir kam, ist vorbei. Sie hat noch heute früh von mir Abschied genommen. Ich kann nicht sagen, wie sehr ich davon getroffen war, besonders jetzt, wo ich sie alle Tage gesehen habe.
Ich bin in der Früh mit Papa in den Straßen spaziert und habe viele Sachen gekauft. Er hat mir ein entzückendes Armband geschenkt. Nach dem Essen sind wir im Garten gewesen und abends in »Zaire und Azar«, einem neuen Ballett. Wir haben gefastet für unser Jubiläum, das Sonntag oder spätestens Montag zu Ende sein wird.

Samstag, 10. Juni
Nach dem Essen haben wir eine reizende Promenade nach Nußdorf und Heiligenstadt mit Dr. Jäger gemacht. Dann sind wir zu Großmama, wo wir Eis gegessen haben. Als ich zurückkam, bin ich noch mit Papa zum Volksgarten.

Sonntag, 11. Juni
Ich war im Prater, wo wir die Tiere angeschaut haben. Es waren kleine Löwen, die sehr herzig waren.

Dienstag, 13. Juni
Wir sind heute früh zur Beichte gegangen. Es gab ein langweiliges Essen mit Italienern. Wir sind nachher mit Leykams spazierengegangen zur Brigittenau.

Nandine Karolyi

Mittwoch, 14. Juni
Wir hatten M. de Cast zum Essen, was sehr langweilig war. Nachher ist Gräfin Spiegel gekommen. Dann bin ich mit Papa im Prater spaziert.
Wir gingen wieder um Mitternacht spazieren und aßen im Garten. Es war so dunkel, wir haben uns fast den Hals gebrochen.

Donnerstag, 15. Juni
Wir hatten schon einen Tag ohne Soiree. Wir waren in Schönbrunn, wo ich mich nicht sehr unterhalten habe.

Samstag, 17. Juni
Morgen ist mein Geburtstag. Ich stelle mich schon darauf ein. Wir haben allein mit Papa gegessen.

Sonntag, 18. Juni
Es ist heute mein Geburtstag. Ich habe schöne Präsente bekommen. Ida ist abends zu mir gekommen und bleibt morgen wegen dem Ball. Ich habe also heute mein 15. Lebensjahr erreicht. Ich hoffe, daß das nächste Jahr so glücklich wie mein 14. sein wird.

Montag, 19. Juni
Wir sollten heute einen Ball haben, aber er hat nicht stattgefunden wegen dem schlechten Wetter, so daß wir in der Stadt getanzt haben. Ida ist auch zum Ball

gekommen, und ich hatte gute Tänzer. Der erste Tanz mit Rossi, der zweite mit Edouard, der dritte mit Taxis, Cotillon mit Louis, Quadrille mit Henry und der sechste mit Edouard Stadion.

Mittwoch, 21. Juni
Wir haben Nachricht von Victor bekommen. Wir waren wieder im Ballett. Die Leykams machten eine kleine Visite abends um zehn Uhr, bevor sie hinunter in den Salon gingen.

Donnerstag, 22. Juni
Das Wetter ist immer noch miserabel, es regnet noch in Strömen, und wir waren essen bei Tante Pauline, deren Namenstag heute ist. Es war ein pompöses Diner, die Dienerschaft in großer Livree und der Herzog in Strümpfen und Escarpins. Beide Württembergs waren aufgetakelt wie für eine Hochzeit. Ich bin sehr intriguiert von dem Gerede über Victors Hochzeit und möchte gern wissen, ob sie zustande kommt.

Freitag, 23. Juni
Das Wetter ist leidlicher. Es gibt ein Herrenessen, und wir sind ein wenig zur Seite geschoben. Wir waren im Prater spazieren und dann im Burgtheater, wo man zwei hübsche Stücke gab.

Sonntag, 25. Juni
Wir sind heute früh mit Fiakerpferden nach Liechtenstein losgefahren. Wir sind vorher zur Messe gegangen und um halb elf angekommen. Ich bin sofort mit Ida zum alten Schloß gegangen. Es war herrlich. Zum Diner war nur die Familie; wie gern würde ich in dieser Familie bleiben. Fritzi ist ein hübscher Bursche. Nach dem Essen sind wir mit allen Buben zur alten Burg hinaufgestiegen. Dann haben wir in einem reizenden Pavillon, der mitten in einem Blumenfeld steht, gejausnet. Die Berge in der Umgebung sind sehr schön. Hermine ist nicht mit uns gekommen, und wir sind erst um neun Uhr zurückgekommen mit Pepi, der uns hier eingeholt hat.

Dienstag, 27. Juni
Antoinette ist zum Essen gekommen. Ich weiß nicht, wie ich diese Gnade verdient habe. Wir gingen dann in Heiligenstadt spazieren. Ich glaube nicht, daß wir meine Freundin Ida vor unserer Abfahrt nach Ischl wiedersehen werden, was mir außerordentlich leid tut. Wir haben am Grünberg bei Großmama diniert. Der reizende Andlau ist auch gekommen.

Sonntag, 2. Juli
Wir haben im Garten mit einigen Personen gegessen, unter anderem der Gräfin Fuchs. Es war ein fürchterlicher Sturm, wie man seit Menschengedenken nicht erlebt hat. Abends waren wir bei Tante Pauline, wo wir köstliches Eis aßen. Der Herzog gab uns Erklärungen über Pompeji.

Montag, 3. Juli
Die Leykams sind dinieren gekommen, und nachher haben wir, Papa, Antoinette und ich, eine Promenade nach Heiligenstadt gemacht. Dann habe ich den Abend mit Antoinette verbracht. Sie gefällt mir, ohne mir zu gefallen.

Dienstag, 4. Juli
Die Zichys sind zum Diner gekommen. Caroline ist einer der Menschen, die mir am meisten convenieren. Nach dem Essen waren wir im Garten von Charles Hügel, der reizend ist. Abends blieben wir zu Hause, wie immer im Sommer.

Mittwoch, 5. Juli
Wir hatten wieder ein besonders langweiliges Diner. Herr und Frau von Lebzeltern haben bei uns gegessen. Sie ist sehr garstig, klein, mit einer schlechten Figur, aber sonst ganz aimable. Es gab eine Soiree im Garten, aber ich wollte nicht dort nur unter Männern verweilen.

Abends hatte ich eine große Überraschung, als ich Ida ankommen sah. Henriette hat glücklich einen Sohn zur Welt gebracht.

Sonntag, 9. Juli
Es war ein schrecklicher Sturm, und ein enormer Hagel fiel herunter. Ida ist wieder zu uns gekommen, um Abschied für vier Monate zu nehmen. Mein Gott, ist das lang! Wir stecken im Packen, denn morgen früh sollen wir verreisen.

Montag, 10. Juli
Wir sind um sieben Uhr in der Früh abgereist. Ich war recht traurig, diesen guten Papa zu verlassen. Die Hitze ist enorm, und dazu staubt es schrecklich. Wir haben in St. Pölten gefrühstückt und in Amstetten übernachtet, wo man nicht zu schlecht untergebracht wurde.

Dienstag, 11. Juli
Wir haben in Gmunden in einem sehr guten Gasthof geschlafen, weil wir nicht wieder bei den Schillers bleiben wollten, aber die Gräfin und ich haben dann bei ihnen eine Visite gemacht, um den ihnen verursachten Schmerz zu reparieren, und haben proponiert, mit ihnen am nächsten Tag zu frühstücken.

Mittwoch, 12. Juli
Gefrühstückt bei Schillers. Wir sind in seinem Wagen bis Traunkirchen gefahren und haben dort

den See überquert bis Ebensee. Wir sind um Mittag in Ischl angekommen und waren außer der Gräfin gut logiert. Dann gingen wir eine Promenade am Fürstenplatz machen, und abends hat der Dr. Götz uns ein Feuerwerk in seinem Garten gegeben, wo unsere Namen graviert erschienen. Es war wirklich fabelhaft.

Donnerstag, 13. Juli
Ich habe an Papa geschrieben und dann eine Promenade zum Wolfgangsee gemacht. Es ist ein herrlicher See. Abends war die Stadt für den Erzherzog illuminiert.

Freitag, 14. Juli
Das Wetter ist nicht schön. Hermine ist auf ihrem Esel geritten in der Früh, und dann sind wir zur Milchfrau, wo wir nachmittags mit Kaffee jausten. Léontine Clary ist mich besuchen gekommen, sowie auch Mme. Stürmer. Abends blieben wir zu Hause, um zu arbeiten.

Samstag, 15. Juli
Ich habe einen Brief von Papa erhalten, in dem er mir sagt, daß Victor in Wien angekommen ist. Ich bin untröstlich, ihn zu verpassen.

Fürst Metternich aus Wien, den 12. Juli 1826

Ich erwische noch den letzten Moment, ehe die Post abgeht, um Dich, meine liebe Léontine, wissen zu lassen, daß Victor eben hier angekommen ist. Er wollte nicht in Karlsbad auf mich warten; ich habe ihn noch nicht gesehen, denn während ich aus dem Garten zurückkam, ist er dorthin gegangen, um mich zu suchen. Ich schreibe Dir sicher noch vorher, begnüge Dich also jetzt mit dieser Voranzeige.
Meine Abreise ist für Sonntag früh, dem 16. des Monats, bestimmt, direkt nach Plass, Victor wird das Vergnügen haben, den Weg zweimal zu machen. Ich bin sicher, daß es ihm eine große Enttäuschung bedeutet, Dich nicht hier zu finden.
Ich hoffe, daß Du glücklich angekommen bist und daß ich bald Nachrichten von Dir erhalten kann. Ich umarme Dich und Hermine recht von Herzen.
Leb' wohl, viele Grüße an Gräfin Fuchs und Mlle. Tardiveau.

Ich komme eben an, mein liebes Kind – ich bin hinter Papa hergelaufen, hier wie auf den großen Straßen. Ich habe ihn nun endlich, hoffentlich kann ich bald dasselbe von Dir sagen; derweilen umarme ich Dich zärtlich, ebenso Hermine.

Victor

Fürst Metternich aus Wien, den 16. Juli 1826

Ich schreibe Dir das letzte Mal aus Wien, mein gutes Kind. Wir wollen morgen um sechs Uhr früh aufbrechen. So Gott will, kommen wir am 19. zeitig in Plass an. Dort erwarte ich Deine Briefe. Schreibe mir, solange ich in Böhmen bin, mit dem Vermerk auf dem Briefumschlag: über Linz und Pilsen. Das geht nach Plass so gut wie nach Königswarth.
Victor ist bei bester Gesundheit und freut sich schon so, Dich bald zu umarmen.
Heute habe ich Deinen ersten Brief aus Ischl bekommen. Ich bin entzückt zu wissen, daß Du dort angekommen bist.
Hier nichts Neues, und es könnte auch schwerlich etwas Neues geben, denn Wien ist völlig leer. Das französische Theater hat mit seinen Vorstellungen begonnen, aber es ist so miserabel, daß der Saal schon bei der zweiten ganz leer war.
Bitte sage Frl. von Fuchs sehr viele Grüße von mir und daß ich ihr schreiben werde, sobald ich in Plass bin. Meine Empfehlungen an Mlle. Tardiveau und umarme Hermine recht zärtlich von mir, so wie auch ich Dich umarme.
Adieu, meine liebe Kleine

Montag, 17. Juli
Wir haben eine Promenade auf den Parasol gemacht. Die Aussicht ist reizend und der Weg sehr gut zum Steigen. Vor allem ist das Wiershorn schön. Hermine ist den Berg hinauf auf ihrem Esel. Nach dem Essen gingen wir nach Laufen. Es ist ein hübsches Dorf. Bei einem Bauern haben wir ausgezeichnete Milch getrunken.
Ich bin untröstlich, bei dem ersten Treffen zwischen Victor und Antoinette nicht dabeigewesen zu sein. Ist sie noch mit ihm beschäftigt? Das quält mich alles sehr. Ich befürchte sehr, sie könnte ihm gefallen.

Dienstag, 18. Juli
Wir haben bei den Schmalnauers Milch getrunken. Dann gingen wir zum Sophienplatz, zur herrlichen Aussicht, die schönste von Ischl. Von einer Seite sieht man die schneebedeckten Berge und von der anderen die Traun, die Vegetation ist die schönste, die man sich vorstellen kann, auch das Malfatishäuserl ist reizend. Nach dem Essen sind wir in der Richtung von St. Gilgen gegangen. Erst sind wir in einen Wald eingedrungen und dann auf einen sehr hübschen Berg gestiegen. Abends sind wir um neun Uhr zurück.

Léontine an ihren Vater: Ischl, 20. Juli 1826

Mein lieber guter Papa!
Ich habe zwei Briefe vom 12. und vom 16., sowie auch einen von Victor und bedanke mich bei Euch beiden von ganzem Herzen, denn sie haben mich außerordentlich gefreut. Ich war verzweifelt, daß ein unglücklicher Zufall es so bestimmte, daß Victor zwei Tage nach unserer Abfahrt ankam und daß wir somit die Freude, ihn früher zu sehen, entbehren mußten; aber da aus Unglück auch Gutes kommt, habe ich in diesem die bessere Seite gesucht und meine, daß, wenn Victor uns in Wien gesehen hätte, er von Johannisberg aus wieder nach Paris gefahren wäre, da er schon in der Nähe war. Gebt zu, daß meine Idee nicht schlecht ist!
Unser Leben in Ischl verläuft sehr regelmäßig; wir gehen früh schlafen und stehen auch früh auf. Wir machen alle Tage zwei Spaziergänge, morgens zu Fuß und nach dem Essen im Wagen; wir sehen die Fünfkirchens viel und machen Ausflüge mit ihnen, aber bis jetzt war uns das Wetter zuwider, und wir kommen seit vier Tagen nicht zu dem geplanten Ausflug nach Wolfgang ...
Ischl ist noch so animiert dieses Jahr, wie es letztes war, und ich hoffe, daß Du erlaubst, daß wir nach Wien zurückkehren, wenn Du es auch tust, denn wir brennen vor Ungeduld, den Victor zu sehen ...
Bitte, lieber Papa, sage Victor, daß ich ihm so bald wie möglich schreiben werde und ihn vorerst von ganzem

Herzen umarme; Hermine schreibt ihm auch zwei Worte.
Adieu, mein lieber Papa, liebe mich immer ein wenig.

Deine Léontine

Wir haben heute unsere Bäder angefangen. Der Esel benimmt sich gut, und Hermine bittet um Deine Erlaubnis, ihn nach Wien mitzunehmen.

Samstag, 22. Juli
Das Wetter ist nicht so schön, und wir sind in der Früh zum Fürstenplatz und zum Staudenheimer gegangen, wo wir hinfanden, nachdem wir recht im Kot herumgepirscht sind. Nach dem Essen sind wir zum Ateliersitz, nachdem wir über Berg und Tal, durch Barrieren und Hindernisse, und nachdem wir fast heruntergepurzelt sind, haben wir uns alle wieder dort gefunden. Abends waren wir im Café vor dem Hause der Fünfkirchens.

Montag, 24. Juli
Wir waren morgens bei den Schmalnauers. Die Gräfin und ich wurden unterwegs zu Fuß von einem schrecklichen Gewitter erwischt. Der Donner war erschreckend, und wir hatten sehr Angst. Der Weg war sehr hübsch. Gestern haben wir einen Brief von Papa bekommen.

Fürst Metternich aus Plass, den 19. Juli 1826

Meine liebe Léontine,
wir haben nun das erste Ziel unserer Reise erreicht. Wir sind heute zwischen zwölf und ein Uhr hier angekommen, und ich schreibe Dir nach einem Gang durch die verschiedenen Teile, aus denen dieses sogenannte Schloß besteht. Dieses ist eine Zusammenstellung von Häusern, die niemals ein angenehmes Ganzes bilden werden – viel besser wäre es gewesen, sie für alle Zeiten ihrer ursprünglichen Bestimmung zu erhalten. Aus einem prachtvollen Kloster wird nie eine angenehme Wohnung; die Bedürfnisse der Welt sind verschieden von denen der guten Mönche, und je mehr ein Kloster ein Kloster ist, desto weniger ist es ein Schloß und kann zu einem solchen werden.
Die Gegend ist sehr abwechslungsreich, und was ich davon gesehen habe, ist recht erfreulich. Plass liegt in einem breiten, von einem kleinen Fluß durchzogenen Tal, man sieht hauptsächlich Wiesen. Am bemerkenswertesten sind die Wälder, die von vollendeter Schönheit und ebensolcher Pflege sind.
Dies ist alles, was ich Dir vorläufig sagen kann, meine liebe Kleine. Wenn ich mehr gesehen habe, werde ich Dir mehr berichten!
Umarme Hermine und richte viele Grüße an Frl. von Fuchs und Mlle. Tardiveau aus. Ich umarme Dich, wie ich Dich liebe – also aus ganzem Herzen.

Ich kann nur alles unterschreiben, was Papa Dir über unseren gegenwärtigen Aufenthalt sagt, und ich bin voll einverstanden mit seiner Idee, nichts zu bauen und nichts zu verändern, da wo es Millionen kosten würde, wollte man diese Veränderungen der ehemaligen Pracht würdig gestalten, die man übrigens nur mehr ahnen kann. Der Besitz ist schön, sehr groß, und man sagt, sehr ertragreich, das ist das Gute an dieser Sache und das einzige, woran man sich halten sollte. Königswarth schön gerichtet, Wiezemiersitz möbliert, und unser herrlicher Johannisberg könnte uns wohl als Landsitz genügen, besonders was wir davon benützen.
Ich sehne mich sehr, Dich bald wiederzusehen, mein liebes Kind, und ich werde versuchen, die Phasen unserer Reise zu beschleunigen. Bleib gesund und komme fröhlich, groß und pausbäckig zurück.
Tausend Liebes an Hermine, die ich ebenso wie Dich umarme, cara sorella

Victor

Mittwoch, 26. Juli
Das Wetter ist so miserabel, daß wir gar nicht ausgehen konnten. Wir hatten heute eine große Überraschung, als wir die Teresina in ihrem Fenster sahen. Sie sind nach dem Essen gekommen und haben uns reizende Präsente von Victor gebracht, unter anderem Sonnenschirme. Mme. Stürmer kam uns besuchen, und ich spielte mit ihr »Volant«. Antoinette scheint mir weniger in Victor verliebt zu sein. Sie spricht viel von ihm, was ein Zeichen der Abkühlung ist.

Léontine an ihren Vater: Ischl, den 27. Juli 1826

Ich habe, lieber Papa, Deinen Brief vom 19. erhalten; er hat mich sehr gefreut, und ich habe ihn gleich kopiert, um ihn Großmama zu schicken, damit sie eine Idee von Plass bekommt; ich habe von ihr noch keine Nachricht und erwarte solche mit Ungeduld. Wir sind hier seit 15 Tagen und haben nur sechs Bäder genommen, da das Wetter so schlecht ist, daß wir alleweil sie unterbrechen mußten; fast jeden Tag ist ein Gewitter, und für zwei schöne Tage sind vier wieder schlecht, so wie im Augenblick, wo es in Strömen gießt. Ich bedauere Dich sehr, wenn Du bei gleichem Wetter Plass besuchst ...

Ich habe vergessen, Dir zu schreiben, daß Hermine große Fortschritte im Gehen macht, denn seitdem wir hier sind, macht sie alle Spaziergänge zu Fuß mit und ermüdet nicht, zu unserem Staunen. Neulich stiegen wir am Salzberg, ohne daß sie sich hinsetzen mußte, was letztes Jahr ihr noch nicht gelang, und das ist um so beachtlicher, da sie sehr wächst ...

Adieu lieber Papa, ich umarme Dich, Hermine auch

Léontine

Freitag, 28. Juli
Wir haben eine reizende Promenade zur Wildnis gemacht. Man steigt in einen Abgrund ab, und unten ist ein magnifiker Wasserfall. Der Weg ist deliziös schattig und geht durch einen angenehmen Wald. Wir haben später gegessen und sind dann im Wagen nach Laufen gefahren.

Samstag, 29. Juli
Wir sind heute auf eine Alpe gestiegen, die Zwieselalpe heißt und dem Hofschmidt gehört. Er hat uns ein charmantes Frühstück gegeben. Die Aussicht ist nicht allzu weit, aber das Angenehme ist, daß man von allen Seiten von Wäldern umringt ist. Wir sind nachher zum Attersee, der meiner Meinung nach der schönste ist. Das Panorama ist so freundlich und erinnert mich an die Landschaft vom Johannisberg. Wir machten eine kleine Schiffahrt auf dem See. Das Wetter war uns favorabel, weil keine Sonne war. Als wir von Ischl wegfuhren, sind wir in die Gruben eingekehrt, aus welchen Eisen hervorgebracht wird. Wir haben um sieben Uhr abends diniert, und die Fünfkirchens und die Stürmers sind gekommen.

Sonntag, 30. Juli
Wir sind zu den Schmalnauers zum Kaffee, wo sie wunderschön gejodelt haben. Wir haben mit dem Erzherzog Rudolf gesprochen.

Montag, 31. Juli

Wir haben die Leykams zum Diner gehabt – ein Schwerttanz –, und nachher sind wir mit den Stürmers und Gräfin Kesselstatt auf eine sogenannte Alp gestiegen, aber sie war nicht höher als der Kalvarienberg.

Ich habe einen Brief vom 27. aus Plass bekommen.

Fürst Metternich aus Plass, den 27. Juli 1826

Ich weiß gar nichts von Dir, meine liebe Léontine! Ich bin ganz ohne Nachricht und befürchte, daß Ihr alle so viel darüber nachdenkt, wie Ihr mir Eure Briefe zukommen lassen könnt, daß ich am Schluß nicht einen einzigen erhalten werde. Ich hatte Dir meine Adresse gegeben, die muß jetzt geändert werden. Übermorgen fahre ich von hier nach Königswarth, wo ich bis zum 7. August bleibe. Am 10. werde ich in Johannisburg ankommen.

Unser Aufenthalt hier verläuft sehr angenehm. Das Wetter ist beständig schön, und dieser Besitz ist so groß, daß ich auch in einem Monat nicht alles sehen könnte, trotz der sieben- bis achtstündigen Ausflüge, die wir täglich unternehmen.

Wir sind ganz allein, nämlich Victor, Mercy, Sieber und ich. Alle Karlsbader Freunde kommen nach Königswarth, das wird eine Überschwemmung geben. Obwohl ich hier über 250 Zimmer verfüge, wüßte ich nicht, wo ich jemanden wohnen lassen könnte.

Floret kommt nicht. Er hat mir gestern geschrieben, daß er nach Wien zurückkehrt; er ist völlig geschwächt, und ich fürchte sehr, daß er den Herbst nicht überleben wird.

Ich hoffe, daß es Dir gutgeht und daß die Heilquellen Dir wohltun; und ich hoffe auch, daß Du mir bald von Deiner und Hermines Gesundheit berichten wirst. Herzliche Grüße an Lori und Mlle. Tardiveau.

Wir werden hier Ausflüge machen, die denen von Ischl nur durch die Qualität der Straßen gleichen; sie sind ausgezeichnet auf dem ganzen Plasser Gebiet. Die Gegend ist hübsch, aber nicht so schön wie da, wo Du bist. Sie ist meist eben, teilweise hügelig; endlose Wälder, gepflegt wie Gärten, bedecken die Anhöhen, so daß immer wieder malerische Ausblicke entstehen. Die Gebäude sind riesig und in sehr gutem Zustand; was aber nicht verhindert, daß ich kaum einen Gast außer unserer kleinen Zahl unterbringen könnte; bei dem jetzigen Zustand der Zivilisation wollen die Menschen ja sitzen und liegen können. Ich würde gerne zwei oder drei der hier völlig überflüssigen Säle nach Wien bringen können. Einige davon sind sehr schön. Ich habe jetzt die frühere Bibliothek als Hausarchiv bestimmt; ich glaube nicht, daß irgendwo eines besser untergebracht sein kann.

Ich überlasse es Victor, Dich über die Familie Griesbeck zu unterrichten, eine Familie, die seit 300 Jahren ausgestorben ist und die es fertiggebracht hat, sich so zu erhalten, daß man sie für eine Art Schlafende halten könnte.

Die Bürger der kleinen Stadt Kralowitz lieben sie so, daß sie, um mich zu feiern, alle diese Toten der jetzigen Mode entsprechend neu kleiden wollen, denn was sie jetzt anhaben – alles ebenso erhalten wie ihre Körper –, stammt natürlich auch aus dem 16. Jahrhundert.

Sage dem Frl. von Fuchs, daß ich ihr einen Griesbeck schenken kann, wenn sie es wünscht. Es gibt da einen

Dicken, den Victor besonders gern hat. Es sind übrigens die ersten Toten, die ich gesehen habe, welche die Lebenden zum Lachen bringen können!
Adieu, meine schweigsame Léontine. Versuche Dich zu bessern. Nach Erhalt dieses Briefes schreibe mir noch einmal nach Königswarth, über Pilsen in Böhmen, und dann adressiere Deine Briefe direkt nach Frankfurt, in doppeltem Umschlag an

S. Exz. den Herrn Baron von Münch
Vorsitzender der Bundesversammlung in
Frankfurt

Ich umarme Dich, wie ich Dich liebe

Mittwoch, 2. August
Nach dem Essen haben wir eine reizende Promenade nach Strobl mit den Stürmers gemacht und gingen bis St. Wolfgang am Wolfgangsee, wo wir die Kirche anschauten, und kamen erst um halb zehn nach Hause. Große Beunruhigung. Stürmer hat meinen Schal angezogen, da er ohne Redingote war. Essen, ohne die Domestiken zu stören.
Diese arme Gräfin Kesselstatt hat eine »fausse-couche« gemacht.

Freitag, 4. August
Wir haben in unserem Garten einen hübschen Fleck entdeckt, wo wir uns jetzt aufhalten werden. Nach dem Essen sind wir ausgegangen und haben den Erzherzog getroffen, dann sind wir mit Benikoff zu Schloß Wildenstein gegangen. Herrliche Aussicht. Ich habe durch die Post an Papa geschrieben.

Léontine an ihren Vater: Ischl, 4. August 1826

... dürften wir glauben, lieber Papa, daß Du mit Victor einige Tage nach Ischl kommen wirst? Das würde uns die größte Freude machen ...
Die Fünfkirchens wollen ein Volksfest geben, aber wir werden Hermine nicht mitnehmen, um sie nicht zu peinigen, obwohl sie dieses Jahr etwas mutiger ist ...
Wir haben gelegentlich die Bekanntschaft eines gewissen Bartels gemacht. Er ist ein Bauer von ungeheurer Kraft. Wir nehmen ihn jetzt mit, und er trägt Hermine an den Stellen, wo der Esel nicht gehen kann, so nennen wir ihn unseren zweiten Samson ...

Samstag, 5. August
Es regnete und stürmte. Frau L. ist zu uns gekommen, und sie und Antoinette haben gesungen. Ich habe einen Brief von Victor bekommen, wo er mir sagt, daß er mit mir eine Intrigue vorhat. Für was? Ich weiß es nicht. Ich muß Papa bitten, bald nach Wien zurückzukehren, aber vorerst bin ich selbst intriguiert. Was kann das nur sein? Könnte das etwas mit seiner Heirat zu tun haben?

Fürst Metternich aus Königswarth,
den 3. August 1826

Ich will dieses Land nicht verlassen, mein liebes Kind, ohne Dir noch ein Wort zu sagen. Ich fahre morgen früh weg und werde in Bayreuth schlafen, am 10. in Würzburg, am 11. in Frankfurt oder Johannisberg, je nachdem, ob ich den König von Bayern in Aschaffenburg finde oder nicht.
Ich war mit meinem Aufenthalt hier sehr zufrieden, ebenso Victor. Wir haben viele, sogar zu viele Leute gesehen, aber das macht nichts – wir haben durch diesen Aufenthalt alles, was nur möglich war, gewonnen.
Heute früh waren Victor und ich allein in Königswarth, wo noch die sterblichen Reste Deiner armen Mutter, von Großvater und Clementine ruhen. Ich habe für Ihre Seelen eine Messe lesen lassen, und Victor und ich haben recht geweint. Du, meine liebe Léontine, hättest es auch getan, und wenn Mama sich mit uns beschäftigen könnte, hätte sie sich davon überzeugt, daß die Ihren sie nicht vergessen haben. Wenn die Sache richtig ist, hat sie wohl das erste Recht darauf.
Hoffentlich hast Du in Ischl ebenso schönes Wetter wie wir in Königswarth. Es ist das erste Mal, daß ich hier einen ungetrübten Aufenthalt verlebt habe. Es ist weniger heiß. Vor drei Tagen hatten wir ein Gewitter, seitdem ist es weniger heiß, aber der Himmel ist klar und die Temperatur sehr angenehm.

Ich gebe Dir Nachricht, sobald ich am Rhein angekommen bin.
Umarme Hermine von mir, und ich lasse Gräfin Fuchs und Mlle. Tardiveau sehr viel Schönes sagen.
Ich hoffe, Du kannst in Ischl über die einzige Klavizimbel verfügen, die es dort gibt. Wenn es der Fall ist, solltest Du Antoinette bitten, mit dir zu spielen. Sie ist so gut wie ein guter Lehrer.
Adieu, meine liebe Kleine, ich umarme Dich aus ganzem Herzen.

Sonntag, 6. August
Das Wetter ist abscheulich. Die Leykams kamen zum Essen und blieben den ganzen Abend, was Gräfin Fuchs nicht allzusehr freute.

Dienstag, 8. August
Wir gingen zum Gosauer Zwang, einer großen Brücke, die zwei Berge verbindet, die von einem Abgrund getrennt sind. Dann haben wir eine Tour zum Hallstättersee gemacht, und Hermine und ich sind fast ins Wasser gefallen und sind zu Tode erschrokken. Wir sind über den Gosauer Zwang gegangen, aber Gräfin Fuchs hat der Mut dazu gefehlt.

Mittwoch, 9. August
Nach dem Essen haben die Stürmers uns eine reizende Jause auf dem Carolinenplatz mit Kolowrats und Fünfkirchens gegeben. Wir waren im ganzen 24 Personen. Dann hat das Volk getanzt für uns, und wir sind nach Hause marschiert, von einer reizenden Musik begleitet. Das Fest war sehr hübsch, und Toni Kolowrat ist eine sehr aimable Person.

Léontine an Victor: Ischl, 9. August 1826

Ich habe Deinen Brief bekommen, lieber Victor, und schreibe Dir jetzt nur nach Johannisberg in der Hoffnung, daß Du dort nicht zu lange bleibst. Man sagt, daß Papa dort einen Monat bleiben will. Ich hoffe, daß dies nicht der Fall ist, denn dann geht die ganze Zeit, die wir zusammen verbringen würden, mit Reisen vorbei, und obwohl ich Ischl sehr gern habe, wäre es doch traurig, da zu sein, wenn keine Katze mehr da ist ... In der Kanzlei (in Wien) soll alles so drunter und drüber sein, daß eine Verzögerung eingetreten ist, und ich meine, daß unser Appartement nicht fertig wird für unsere Rückkehr, was Deine und unsere Ankunft sicher verspäten wird. Ischl ist jetzt ganz brillant. Götz hat einen Treffpunkt im Kaffeehaus organisiert, aber bis jetzt hat er noch keinen Erfolg aus mangelnder Kerzenbeleuchtung, die wir jetzt in die Hand genommen haben, so ist Papa als erster auf der Subskriptionsliste, was ihn zu einem monatlichen Betrag von 1 Fl. zwingt – ich hoffe, es ist nicht zu teuer. Götz ist ein Engel, er rast hin und her, um von allen Seiten Kerzen und Leuchter und Möbel zu finden, da alles fehlt. Die Leykams wohnen vis-à-vis, so daß Hermine und Teresina den ganzen Tag über die Straße hinweg miteinander reden und Zeichen machen, aber es ist verboten worden, weil die ganze Bevölkerung Ischls sich aufhielt, um diese Konversation mit anzuhören. Ich umarme Papa, Hermine auch. Sage ihm bitte von mir, daß wir ihn bitten, bald nach Wien zurückzukom-

men, sonst erklären wir ihm den Krieg! Ich schreibe ihm dieser Tage, um ihn um die Erlaubnis zu bitten, auf dem Heimweg nach Salzburg zu fahren, das wir gerne sehen würden; wir möchten dort zwei Tage bleiben, um die Umgebung auch gut zu sehen. Adieu, mein lieber Victor, die Gräfin Fuchs hetzt mich zum Spazierengehen, da komme ich nicht mehr zur Ruhe ...

Deine Léontine

Bitte sage Papa, daß die Pferde wohlauf sind und daß wir sie bestens pflegen ... Ich komme gerade von einem Fest bei Stürmers, was reizend war. Wir haben eine schöne Jause gehabt, die Bauern haben getanzt, und nachdem wir reichlich zugesprochen haben, fingen wir auch an zu tanzen und kehrten in Prozession nach Ischl zurück, hinter einer reizenden Musik, die jeden einzelnen nach Hause begleitete. Wir waren im ganzen 24 Personen. Hermine kam nicht mit, es hätte sie zu sehr erschrocken.

Donnerstag, 10. August
Abends hatten wir eine herrliche Soiree bei der Gräfin Fünfkirchen. Ein Ventriloque (Bauchredner) und verschiedene Sänger haben uns nacheinander amüsiert. Das Ganze dauerte bis halb elf.

Sonntag, 13. August
Prinz Hohenlohe hat eine wunderschöne Predigt gehalten, in der er sagte, daß die Einwohner von Ischl sich für glücklich halten sollten, fern der Laster der großen Städte dank ihrer Berge zu leben, und daß sie sich in acht nehmen sollten, sich nicht korrumpieren zu lassen.

Montag, 14. August
Ich habe einen großen Ausflug mit Gräfin Kolowrat gemacht. Wir sind um sechs Uhr früh losgegangen. Wir waren zehn Wagen, mit denen von Stürmers, Fünfkirchens, Sternbergs usw. Wir haben uns am Hallstättersee eingeschifft und sind bis zum Gosauer Zwang gegangen, den ich im Laufen mit Louise überquert habe. Dann sind wir zum Rudolfsturm, wo wir uns in Tragsesseln bis hinauf tragen ließen. Dort ist eine wunderschöne Aussicht über den ganzen Hallstättersee, der ganz zu sehen ist, umrahmt von riesigen Bergen. In einem noch höher gelegenen Haus steigt man zu den Salinen. Wir zogen ein weißes Hemd und einen runden weißen Hut an, und man hat uns durch Schläuche hineingeführt. Die Salinen waren beleuchtet. Wir sind den Berg in Schlitten heruntergerutscht, was sehr lustig war, da

es außerordentlich geschwind ging. Dann haben wir in Hallstatt gegessen, und nachher haben wir den Kessel und den Hirschbrunnen besucht. Das erste ist ein riesig tiefes Loch, mit Wasser gefüllt und von Felsen umringt. Man weiß nicht, wo dieses reine Wasser die Quelle hat, aber eine Magd hat ihren Butterfirst auf einer Alp verloren, und er kam im Loch wieder zum Vorschein, was sehr komisch ist. Das zweite, als wir es sahen, befand sich ohne Wasser und bot daher nichts Besonderes. Der Brunnen trägt diesen Namen, weil das Wasser aus der Erde mit einem mächtigen Satz quillt. Dann sind wir wieder auf unserem großen Schiff über den See bei Mondschein gefahren. Ich bin um halb zehn zurück, und Gräfin Fuchs wartete schon auf mich.

Mittwoch, 16. August

Louise Kesselstatt sollte weg, aber blieb dennoch. Ich habe von ihr Abschied genommen, was mir sehr leid tat. Die Sänger sind abends gekommen.

Ischl, 16. August 1826

Ich habe nur Zeit, ein paar Worte zu schreiben, mein lieber Papa, denn die Post geht in einer Viertelstunde ab ... Es geht uns gut ... Wir haben hier auch einen Bauchredner und vier ausgezeichnete Sänger, die in Wien waren und für Dich gesungen haben. Du wolltest den einen Medizin studieren lassen, aber er scheint sich nicht viel daraus gemacht zu haben. Sie spielen hier im Café, wo wir gestern abend waren ... Adieu, mein lieber Papa ...

Fürst Metternich aus Johannisberg,
den 16. August 1826

Wir sind hier sehr glücklich am 12. um ein Uhr nachmittags angekommen. Die Nacht vom 11. auf den 12. haben wir in Frankfurt verbracht, wegen des kurzen Aufenthalts in Aschaffenburg, um dem König von Bayern eine Aufwartung machen zu können.
Hier habe ich alles sehr verschönert gefunden. Die Anpflanzungen, die sich heute auf dem Platz der Schlacht von Valmy befinden, sind sehr hübsch und ausgezeichnet gehalten. Eine prachtvolle Chaussee führt von Winkel zum Schloß. Der Hof ist offen, und der häßliche Eingang ist durch ein prächtiges Gittertor ersetzt worden. Der Hof ist groß und schön. Geradezu beeindruckend durch ihre Schönheit sind die Terrassen und der frühere Obstgarten unter meinen Fenstern. Man muß diese letzten Änderungen sehen, um sich einen Begriff von ihrer Wirkung machen zu können. Die ganze Gegend scheint dadurch gewonnen zu haben, und das Verschwinden aller Mauern um die Weinberge gibt ihr einen ganz besonderen Reiz.
Deine Schäflein leben, und es geht ihnen ausgezeichnet, ebenso den weißen Tauben, die weiter den Balkon besetzt halten; sie sind aber so zahlreich geworden, daß man ihnen wohl einen eigenen Taubenschlag wird einrichten müssen.
Ich bin seit drei Tagen hier und habe schon eine Unmenge Menschen gesehen. Nichts könnte einem Landaufenthalt unähnlicher sein, und das ist die un-

günstige Seite von Johannisberg. Wenn der erste Ansturm abgewehrt worden ist, werden wir hoffentlich ruhiger leben können. Ich erwarte Flora und ihre charmante Freundin in acht Tagen. Ich bin entzückt, erstere zu sehen, und könnte ebenso gern auf letztere verzichten.

Vorläufig ist die Dauer meines Hierseins noch unbestimmt. Das hängt von verschiedenen Umständen ab, wird sich aber jedenfalls bis in die ersten Septembertage ausdehnen, dadurch werde ich selbst bei frühester Abreise verhindert sein, nach Ischl oder in dessen Nähe zur Mitte des Monats zu kommen. Warte also nicht auf mich, sondern richte Deine Rückkehr nach Wien so ein, wie es mit Deinen Bädern am besten paßt, auch je nachdem, wie sich das Wetter gestaltet. Hier ist es noch sehr schön, und man erwartet sich eine Weinlese, ebenso hervorragend in der Qualität wie in der Quantität. Die Hoffnungen gehen sogar über die Ergebnisse von 1822 hinaus, ein Jahr, von dem man jetzt noch spricht in dieser Gegend, wo alles sich um die Kellereien dreht.

Adieu, meine liebe Kleine, es geht uns bestens, Victor ist glücklich über die Anwesenheit seines Freundes Maurice, den ich mir von Paris habe herkommen lassen.

Umarme Hermine, und denkt liebevoll an mich, wie ich an Euch beide! Adieu!

Samstag, 19. August
Wir sind um zehn Uhr losgegangen, um zwei Seen zu besichtigen. Zuerst haben wir in Ebensee gegessen, dann gingen wir zum ersten See, der nicht groß ist. Er ist umrahmt von großen Bergen, aber bietet nichts Besonderes. Man kann sich nur eine Idee von der Größe der Berge machen, wenn man den zweiten See sieht, der umringt ist von Felsen wie von steilen Wänden. Es gibt ein gutes Echo, das dreimal widerhallt. Dann haben wir eine excellente Jause bei dem Confiseur von Ebensee genommen, wo wir die Leykams vorfanden. Wir sind erst um halb zehn zu Hause gewesen und waren recht froh, unsere Betten wiederzufinden, um uns von den Strapazen des Tages auszuruhen.

Sonntag, 20. August
Wir machten eine schöne Promenade um den Berg. Die Aussicht ist freundlich, und der kleine wilde Pfad, den man nehmen muß, um den Rundgang zu machen, trägt viel zum Spaß des Spaziergangs bei. Ich war so geschickt, meinen Fuß in ein Loch voll Kot zu stecken.

Montag, 21. August
Ich bin in der Früh um neun Uhr mit Gräfin Kolowrat nach Aussee losgefahren. Der Weg ist herrlich, und die schöne Aussicht ließ uns die bergige und langweilige Steigung vergessen. Auf einer Seite sind frische, grüne Felder, auf der anderen in der Ferne

der Hallstättersee, der seine hellen Gewässer durch einen schönen Wald, der sie zum Teil versteckt, durchblicken läßt. Wenn man weiter steigt, erblickt man zwischen Bergen, die so frisch und grün sind wie im Frühling, einen großen, schneebedeckten Berg. Wir haben ihn durch ein Teleskop angeschaut und entdeckten einen kleinen Pfad zwischen riesigen Gletschern. Wir konnten uns von dem zauberhaften Anblick nicht losreißen. Der Schneeberg befindet sich acht Stunden von uns, und die Bauern besteigen ihn, um sich den Weg zu verkürzen, wenn sie auf die fernere Bergseite kommen wollen. Endlich sind wir nach sieben Stunden Reise in Aussee angekommen. Die Stadt ist viel hübscher als Ischl. Es sind einige große Häuser dort, aber eines hat uns ganz besonders frappiert. Das Haus hat nur ein Fenster im ersten Stock, und eins im zweiten über der großen Einfahrt im Erdgeschoß. Es ist zwischen zwei Häusern und scheint keinen Platz mehr gefunden zu haben.

Während man das Essen vorbereitete, sind wir in kleine Postwagen gestiegen und sind eine halbe Stunde weit zum Grundlsee gefahren. Der See ist klein und wunderhübsch. Die Berge rundherum sind zwar groß, aber verdüstern ihn nicht, und am Ende machen ihn zwei kleine, schön bewaldete Berge besonders pittoresk.

Léontine an ihren Vater: Ischl, 22. August 1826

Mein lieber Papa!
Das Wetter ist sehr schön und die Hitze groß. Warst Du mit Johannisberg zufrieden? Ist es durch die Veränderungen, die Du gemacht hast, verschönert?
Ich hoffe, daß das Wetter auch Dir favorabel ist ... Wir freuen uns, Victor wiederzusehen, und hoffen, daß es bald sein wird, aber leider befürchte ich, daß die Kanzlei uns vergißt, denn alles soll nach wie vor drunter und drüber gehen.
Der Baron Leykam ist gerade angekommen. Die Leykams waren bei uns, und da kommt unser Joseph herein und schreit: »Der Papa ist da.« Gräfin Fuchs, in ihre Gedanken versunken, steht auf und läuft nach unten in der festen Überzeugung, daß sie Dich aussteigen sehen würde.
Du kannst Dir vorstellen, wie wir über sie gelacht haben. Sie läßt Dir vieles sagen und vor allem, daß sie sehr bedauert, dem Leykam entgegengelaufen zu sein, anstatt Dir.
Alles Liebe dem lieben Victor. Wir umarmen ihn beide, sowie auch Dich, lieber Papa,

Léontine

Mademoiselle Tardiveau empfiehlt sich Dir.

Donnerstag, 24. August
Die Stürmers haben eine schöne Jause bei den Schmalnauers gegeben. Dann bin ich zur Fanny gegangen, und mit ihr und der ganzen Prager Gesellschaft haben wir uns auf der Traun eingeschifft und sind bis Ebensee gefahren, durch die Schleusen, die man geschwind passiert, was sehr angenehm war. Das Schiff macht keine unangenehme Bewegung. Wir sind in Ebensee an Land gegangen, wo die Gräfin Fuchs uns erwartete. Dann gingen wir ganz gut in einem Gasthof essen, aber verweilten dort sowenig wie möglich, um weiter zum Offensee zu fahren. Man hat uns Kühe gezeigt, die geschmückt waren wie am Tag, als sie von den Alpen herunterkommen. Sie haben Panaschen von frischen Blumen auf dem Haupt und ein Heiligenbildnis auf der Stirn. Wir haben sie nicht alle sehen können. Die Gesellschaft bestand aus Lobkowitz, Sternbergs, Kesselstatts, uns und Stürmers.
Gräfin Kesselstatt hat uns Karten-Zauberstücke gemacht.

Montag, 28. August
Gräfin Wiefeld und ich haben abends vierhändig gespielt.

Dienstag, 29. August
Wir machten eine schöne Promenade in die Wildnis durch den Wald. Der Schatten ist dort so angenehm. Man geht lange zwischen Felsen und hat eine herrliche Aussicht und eine Kaskade. Wir waren mit den Stürmers und den Wiefelds.

Mittwoch, 30. August
Wir hatten eine Soiree bei Fürstin Lobkowitz, wo ich mich recht ennuyiert habe, da nur die Gesellschaft von Prag, die ich wenig kenne, dort war.

Donnerstag, 31. August
Wir haben einen herrlichen Ausflug zum Waldbach-Strub gemacht. Wir haben ein mediokres Frühstück in Hallstatt genommen, dann haben die Damen Tragsessel genommen und haben sich bis zum Waldbach-Strub tragen lassen. Ich wollte zu Fuß steigen, aber eine plötzliche Nasenblutung zwang mich, mich auch tragen zu lassen.

Freitag, 1. September
Es ist Hermines Geburtstag. Wir haben ihr alle Blumensträuße gegeben. In der Früh sind wir zum Rudolfsbrunnen gegangen, der sich zu seinem Vorteil verbessert hat. Die L. haben bei uns diniert, und wir hatten Abschiedsvisiten von Sternbergs und Lobkowitzs. Abends kam die Musik, wir haben getanzt und uns sehr gut unterhalten.

Samstag, 2. September

Stürmer hat uns von seinen Reisen erzählt. Ich habe mit Antoinette über Victors Heirat gesprochen. Ich weiß nicht, ob ich gut getan habe, und mache mir darüber Vorwürfe. Sie scheint mir aber sehr diskret zu sein, und ich habe es getan, damit – falls sie ihn noch liebt – sie jede Hoffnung aufgibt.

Wir machten dann eine Visite bei Nani Wiefeld und bei Mme. Schiller. Sternbergs und Lobkowitzs sind abgereist. Ich habe mich nicht diesen Damen annähern können und fand sie kalt und langweilig. Die Mutter ist eine sehr aimable Person, sie spricht gut und muß, als sie jung war, sehr schön gewesen sein. Von den Sternbergs ist Christiane, die Älteste, eine reizende Person, von einer perfekten Freundlichkeit. Ich versuche sie auch in verschiedenen Sachen nachzumachen. Sie ist jemand, der sich ganz für andere vergißt und nur daran denkt, so affabel wie möglich zu sein. Obwohl sie sehr häßlich ist, übersieht man das gleich, wenn man mit ihr spricht. Man fühlt sich wohl in ihrer Gesellschaft. Erwine ist ganz nett, gutmütig und recht freundlich. Aber Franziska ist so kalt und reserviert, daß man sich ihr gar nicht annähern kann.

Sie scheint Fürst Lobkowitz sehr zu gefallen, obgleich ich nicht weiß, ob er nicht zu Erwine neigt. Er macht beiden die Cour.

Fürst Metternich aus Johannisberg,
den 30. August 1826

Ich weiß nicht, meine liebe Kleine, ob dieser Brief Dich noch in Ischl erreicht. Ich habe demgemäß dem Kurier, der ihn bringt, beauftragt, sich bei seiner Durchfahrt darüber zu informieren.
Meine Abreise steht für den 7. September fest. Ich werde allerdings erst am 20. in Wien eintreffen, da ich große Umwege mache und mich an einigen Orten aufhalten muß. Ich hoffe, Euch alle gesund und ruhig in Euren Zimmern installiert zu finden. Alles, was Eure Wohnung betrifft, wird – ich bezweifle es nicht – fertiggestellt sein. Jedenfalls empfehle ich es den Herren Architekten.
Victor wird Euch alles über unseren hiesigen Aufenthalt berichten. Hätten wir etwas mehr allein sein können, wäre es uns lieber gewesen. Aber es ist mein Schicksal, nie ganz mir selber oder meinen wirklichen Freunden überlassen zu sein. Wir sind nie weniger als 15 bis 18 Menschen zu Tisch, und oft steigt die Zahl auf 30 oder 40 Gäste. Das Wetter bleibt von seltener Schönheit, so werden die Weine nicht nur reichlich, sondern hervorragend. Man verspricht sich eine noch bessere Ernte als die vom Jahre 1822.
Du fragst, ob die Änderungen, die ich schon vorgenommen habe, gelungen sind. Victor wird Dir Einzelheiten erzählen. Sie haben meine Erwartungen übertroffen, und wenn ich hierher zurückkehre und Du mich begleitest, wirst Du die Örtlichkeiten nicht wie-

dererkennen. Man braucht noch vier Jahre, um alles sowohl innen wie außen fertigzustellen. Dann entsteht im Ganzen ein herrlicher Wohnsitz. Nichts ist schöner als der Altan, und das ehemalige Valmy ist ein reizender Garten. Es ist so viel um das Schloß gepflanzt worden, daß das, was am meisten fehlte – der Schatten –, nicht mehr entbehrt wird. Man wird spazieren können bis zur vollen Befriedigung, ohne aus den Grenzen der Domäne hervorzutreten.

Adieu, meine liebe Léontine, bedanke Dich für mich bei der Hermine für ihren Brief. Er ist allerliebst, und wenn sie behauptet, daß sie Mühe hat ihre Gedanken auszudrücken, da ihr der Brief nicht diktiert wurde, so sage ihr, daß sie ihre Gedanken bestens wiedergibt.

Ich umarme Euch beide von ganzem Herzen.

Alles Gute Euren Damen.

Johannisberg

Léontine an ihren Vater: Ischl, den 4. September 1826

Ich weiß nicht, wohin ich diesen Brief schicken soll, mein lieber Papa, denn nach Deinem letzten Brief vom 30. hatte ich nicht mehr die Zeit, nach Johannisberg zu schreiben, so ziehe ich es vor, diesen nach Wien zu schicken, wo Stürmer immer weiß, wo Du Dich befindest. Es scheint, daß der Kaiser darüber nicht informiert ist, denn gestern haben wir diesen Brief erhalten:

(An Frau Baronin Wiefeld:)
Hochgeborene gnädige Frau!
S. Majestät dem Kaiser ist überaus viel daran gelegen zu erfahren, wie bald S. D. der Fürst von Metternich zurückkommen wird, und ich erhielt den s: S: Befehl, Euer Gnaden aufzufordern, gleich nach Empfang des gegenwärtigen Schreibens die Gräfin von Fuchs oder die jungen Fürstinnen von Metternich, die in Ischl sind und welche der Herr Fürst abholen will, zu befragen, was selbe für Nachrichten über die Ankunft des Fürsten haben.
Sobald Er: Gnaden diese Auskunft eingeholt haben, bitte sich solche oder mir oder unmittelbar Ihrer Majestät der Kaiserin mittels eigener Estaffette mitzuteilen.

Er Gnaden TTT
Kutschera

Ganz Ischl war in Aufregung über das Gerücht geraten, daß ein Kurier des Kaisers angekommen war ...

Ich erwarte keine Briefe mehr von Dir, weil ich vorhabe, in acht Tagen nach Wien zu fahren, und hoffe, Dich am 20. dort zu umarmen. Um Deine Befehle genau zu befolgen, sind wir am 18. dort.
Ich habe kaum Zeit, mein lieber Papa, Dir mehr zu erzählen, denn diese Damen warten auf mich zum Essen.
Die Leykams besuchen uns manchmal. Ich musiziere oft mit Antoinette, die beim Näherkennen außerordentlich gewinnt. Wir können sie nicht genug für ihre Güte und Freundlichkeit loben. Die Luft Ischls scheint ihr sehr gut zu bekommen.
Adieu, mein lieber Papa. Hermine umarmt Dich, sowie auch Lori (Fuchs). Man hetzt mich, um aufzuhören.

Léontine

Dienstag, 5. September
Wir waren bei der Milchfrau und nach dem Essen zur Capitels-Alpe, wo wir trotz heftigem Regen und Unwetter hinaufgestiegen sind. Der Aufstieg ist sehr penibel, wir mußten uns mit genagelten Stöcken helfen. Das Haus auf der Alpe ist sehr hübsch und besteht aus vier großen Zimmern, die recht gut eingerichtet sind.
Als wir herunterstiegen, wurde das Unwetter so stark, daß wir uns aufhalten mußten, und kehrten zurück in Begleitung von erschreckendem Geblitze und Gedonner. Als wir in Ischl ankamen, fanden wir alles zum Abschied vom Erzherzog illuminiert. Eine bizarre Idee, als Zeichen der Trauer alles zu illuminieren.

Donnerstag, 7. September
Wir haben in der Früh einen sehr schönen Spaziergang im Gemsental gemacht. Wir waren beim Hochamt.

Montag, 11. September
Wir haben die Veduten angeschaut. Sie waren recht hübsch. Abends waren wir im Theater, wo man »Dr. Krampe« gab. Ein recht blödes Stück, das uns aber gut unterhalten hat.

Dienstag, 12. September
Wir haben eine schöne Zeremonie gesehen. Ein junger Priester las seine erste Messe. Eine sehr

schöne Prozession hat ihn bis zur Kirche geführt, wo er eine tiefe Pietät zur Schau trug. Es war rührend, ihn zu sehen. Hinterher bekam ich seinen Segen. Die Hofschmitt war prachtvoll. Ich machte mein Gepäck, und nach dem Essen sind wir zum letzten Mal nach Wolfgang gefahren, denn wir verreisen morgen.

Als wir zurückkamen, sind wir zum Ball bei den … hinaufgestiegen und haben viel Freude gemacht, indem wir mit allen aßen und tanzten.

Mittwoch, 13. September – Salzburg

Wir sind um sechs Uhr in der Früh von unserem lieben Ischl weggefahren. Ich war darüber untröstlich. Die Hofschmittin kam Abschied von uns zu nehmen. Die Straße ist von außergewöhnlicher Schönheit. Wir sind den Wolfgangsee entlanggefahren, aber leider hat der Nebel verhindert, die Landschaft zu sehen.

Um zwei Uhr waren wir in Salzburg – eine schöne, große Stadt, aber recht traurig und leer. Die Häuser sind denen von Paris ähnlich. Das erste, was wir anschauten, war die Sommer- und die Winterreitschule, ein schöner Bau. Im letzten sind die Decken al fresco bemalt. Die Sommerreitschule gefiel mir sehr. Sie ist im Freien, und die Logen sind im Felsen ausgehöhlt. Das Tor im Felsen ist aus einem Stück, so wie auch die Statuen und Inschriften aus dem Felsen herausgeschnitten. Eine nennt den Grafen Schonberg von B. Dann haben wir die Franziskaner-

kirche besucht, die sehr schön ist, deren Hauptaltar mit rotem Samt bedeckt ist. Die Muttergottes mit Kind ist aus Silber.
Die Universitätskirche ist schön und groß und war während des Krieges ein Pferdestall.
Wir sind um neun Uhr nach Aigen gefahren, ein Schloß, das Fürst Schwarzenberg gehört und eine halbe Stunde von Salzburg entfernt ist. Unterwegs haben wir die Antikensammlung von Roseneck, wovon die meisten Stücke in seinem Garten gefunden worden sind, angeschaut. Da sind Lampen, eine schöner als die andere, Büsten und viele schöne Ringe. In Aigen angekommen, sind wir lange im schönen und sehr gut erhaltenen Garten spaziert. Der Fürst scheint sehr betrauert zu werden. Seine Domestiken beweinen ihn noch.
Wie schön, so vermißt zu sein und zu den Besten gerechnet zu werden, und wie schwer es sein muß, dieses zu erreichen! Aber es scheint mir, daß in einem Land, wo alles so schön ist, dem Gott seinen Segen in solcher Vielzahl geschenkt hat, wo alle Menschen gut sind, man noch schuldiger wäre, böse zu sein.
Wir besichtigten die herrliche Aussicht von einem schönen Platz, der Kanzel, von welcher man den Watzmann sieht, dann eine Grotte, in welche man hineingeht und den Fall einer Kaskade sieht, einen reizenden Pavillon in einem Garten mit einem schönen, großen Zimmer und noch einem kleineren, wo das Gästebuch sich befindet.
Auf dem Rückweg haben wir Schloß Mirabell, die

Equipage des Fürsten Metternich

jetzige Residenz des Kaisers, angeschaut. Er hat es wieder aufbauen lassen, da es im Jahre 1818 durch die Unvorsichtigkeit zweier Frauen abbrannte. Der Garten schien mir auch schön, obzwar sehr alt. Er ist im Stil eines französischen Gartens.

Die St. Loretokirche, wo das Jesuskind große Wunder vollbringt, wurde auch angeschaut. Es ist ein Franziskaner-Frauenkonvent. Dann besuchten wir auch die Hlg. Sebastianskirche, aber verweilten dort nicht lange, obgleich sie sehr schön ist, denn wir waren am Verhungern, nachdem wir so lange herumliefen, ohne zu essen.

Ich war tot vor Müdigkeit, aber kaum hatten wir den letzten Bissen geschluckt, als Prinz Taxis und sein Bruder uns abholten, um uns zum Nonnberg zu führen, wo man schöne Aussichten, besonders die auf die Stadt, vor sich hat. Wir sahen ein sehr schönes Haus, wo ein alter Herr uns seinen Garten und sei-

nen Pavillon zeigte und von wo man eine Aussicht bis nach Bayern hinein hatte.
Sein Garten war recht scheußlich, ein Horreur, aber er war sehr stolz darauf. Ein grünes Bienenhaus war schön, und ein Pavillon, wo er Blumen und Schwammerl in den Fenstern hatte, was uns sehr amüsierte. Auf dem Nonnberg haben wir eine hübsche kleine Kapelle mit einem Glasfenster aus dem XIV. Jahrhundert gesehen. Die Farben sind gut erhalten, und die Figuren sind sehr schön.

Freitag, 15. September – Salzburg
Leider ist das Wetter so schlecht geworden, daß wir nicht nach Golling gehen konnten, aber es war unmöglich. Nach dem Essen sind wir zum Franziskanerkloster gegangen, und die Nonnen haben uns das ganze Haus gezeigt. Die Oberin, eine Frau von 72, ist von einer überraschenden Fröhlichkeit und Frische. Sie haben uns den Schatz des Jesuskindes gezeigt: schöne Kleider, mit Perlen bestickt, und Halsbänder aus Diamanten, sowie auch die Krone. Sie haben uns erzählt, daß sie während des großen Feuers vor einigen Jahren mit dem Jesuskind in den Hof geflüchtet sind. Sie waren untröstlich, weil es ganz zerschlagen war, aber am nächsten Tag haben sie es in der Kapelle wiederhergestellt gefunden, was ja einem Wunder zuzuschreiben ist. Die kleine Figur ist aus Elfenbein.
Diese armen Nonnen sind sehr schlecht dran. Sie schlafen ganz angezogen auf Stroh, und ihr Gewand

ist ein Wollkleid, welches sie ohne Unterhemd auf der Haut tragen. Auf dem Kopf haben sie ein kleines Leinentuch und einen schwarzen Schleier. Sie haben nur ein Schnupftuch in der Woche und als einzigen Schmuck einen großen Rosenkranz.

Samstag, 16. September – Salzburg
Wir sind in der Früh zur alten kaiserlichen Residenz, die neben unserem Haus ist, gegangen. Sie ist sehr schön, vor allem die Hauptstiege aus weißem Marmor. Die Räume sind groß, aber die Bayern haben die schönsten Ornamente weggenommen, sowie Leuchter, Uhren und einige Kleinigkeiten. Im ganzen Schloß sind 62 Herrenzimmer und noch viele für die Domestiken, aber am merkwürdigsten ist, daß man, ohne aus dem Haus herauszugehen, in drei Kirchen hineingehen kann: den Dom, St. Peter und in die Franziskanerkirche.
In der Früh haben wir lange diskutiert, um zu entscheiden, ob wir verreisen oder nicht, weil heute nacht ein Kurier, der uns die Ankunft von Papa für heute mitteilt, angekommen ist.
Am Ende haben wir beschlossen zu bleiben, und abends haben wir die Nachricht bekommen, daß Papa morgen um elf Uhr ankommt. Wir sind nach Schloß Klessheim gefahren, das sehr schön ist. Die Aussicht von der Terrasse ist eine der schönsten der Umgebung: Man sieht nur die Berge und die Stadt ganz in der Ferne. Der Erzbischof hat uns empfangen, und wir mußten mit ihm Kaffee einnehmen. Er

ist ein sehr aimabler Mensch, mit viel Geist, und spricht sehr gut. Er ist nicht mehr als höchstens 62 Jahre.

Sonntag, 17. September – Salzburg
Wir sind heute früh zur Messe in den Dom gegangen und nachher Papa entgegengefahren. Ein Commis ist heute, von ihm geschickt, angekommen. Wir sind zur halben Post gefahren, wo wir auf ihn gewartet haben. Endlich ist er gekommen mit meinem lieben Victor, der immer so gut und herzlich mit mir ist. Nach dem Essen im Gasthof sind wir in unserer Richtung weitergefahren, und Papa in seine. Er fährt zum Mondsee und wir nach Wien.
Wir haben in Vöcklabruck geschlafen, wo wir nicht zu schlecht untergebracht waren. Victor hat sich nicht verändert, er schaut gut aus, obgleich etwas mager geworden.

Montag, 18. September
Wir sind um sieben Uhr früh aufgebrochen und haben in Kemmebach geschlafen. Der Weg ist sehr langweilig. Gottlob sind wir morgen zu Hause.

Dienstag, 19. September – Wien
Wir sind um fünf Uhr nachmittags in Wien angekommen, erwartet von Mme. Marchal und Sophiechen. Wir waren recht froh, wieder in unserem alten Haus zu sein. Gräfin Fuchs hat bei uns gegessen,

und Baron Stürmer kam uns eine Visite machen, sowie auch Floret. Victor hat den Abend bei uns verbracht.

Mittwoch, 20. September
Papa ist um Mitternacht angekommen. Wir haben im Garten gegessen und sind dann abends in der Kanzlei geblieben. In der Früh haben wir Großmama am Grünberg besucht. Es geht ihr gut. Tante Pauline war auch da. Victor macht ihnen viel die Cour, um angenehm und aimable zu erscheinen.

Donnerstag, 21. September
Gräfin Fuchs hat bei uns mit Neumann gegessen. Wir haben noch nicht wieder angefangen zu lernen, erst ab kommender Woche. Es war beschwerlich, uns wieder in unseren Zimmern, trotz der Mühe von Mme. Marchal, einzurichten. Es war alles recht durcheinandergekommen.

Freitag, 22. September
Wir, Mlle. Tardiveau und ich, sind auf die Bastei spaziert. Wir haben Victor getroffen und er hat uns begleitet. Er ist wirklich reizend zu mir, ich weiß nicht, wie ich ihm dafür danken kann.
Die Leykams sind zum Diner gekommen. Victor war von einer Kälte und sogar Ungeduld zu Antoinette, die mich überrascht haben. Sie hat es bemerkt und mich nach dem Grund gefragt. Ich habe ihn ihr nicht gesagt, obgleich ich glaube, ihn erraten zu

haben. Er fürchtet, man könnte merken, daß er ihr die Cour macht, aber ich könnte wetten, daß er sie immer noch sehr gern hat, weil er nie im Leben ihren Namen ausspricht. Ich nehme mir auch vor, nie vor ihm von ihr zu sprechen. Vielleicht vergißt er dann, an sie zu denken.
Abends waren wir bei Papa und Victor, der uns eine Menge Kleinigkeiten schenkte, unter anderem ein kleines Buch, wo er auf jeder Seite Henriette de Castries und vieles andere hineingeschrieben hat.

Samstag, 23. September
Wir hatten die Visite von Großmama, die uns hinderte, unsere Promenade zu machen. Ich habe Commissionen für H. gemacht. Die Zichys kamen zum Essen. Ihr Ton schockiert mich immer, denn sie plappern so daher. Caroline ist die einzige Vernünftige. Sie ist immer sehr amüsant. Wir haben heute früh unsere Andacht gemacht. Ich habe noch nicht meine Regel, obzwar die Zeit schon längst vorbei ist.

Sonntag, 24. September
Wir waren in der italienischen Kirche zur Messe und sind dann promenieren gegangen auf die Bastei, wo wir Mme. Junot getroffen haben. Ich bin so glücklich, daß Victor bei uns ist, ich kann es nicht genug sagen, aber ich kann kaum an den Moment denken, wo er uns verlassen wird, es tut mir so leid. Er ist so

gut, so perfekt für mich. Er hat mir noch nicht von der Intrigue gesprochen, von der er mir schrieb, und ich wage es nicht, ihn danach zu fragen.

Montag, 25. September
Wir haben wieder unsere Lektionen mit Mme. Landstütz und dem kleinen Ringeldin angefangen. Das Wetter ist miserabel, und trotzdem sind wir zu Großmama auf den Grünberg zum Diner gefahren. Papa war so guter Laune und hat uns eine Menge Geschichten nach dem Diner erzählt. Wir sind nach Hause gefahren und haben den ganzen Abend gearbeitet.

Dienstag, 26. September
Chiny und Mme. Rutherford sind gekommen. Papa und Victor aßen nicht zu Hause. Der letztere ißt sonst immer mit uns.

Donnerstag, 28. September
Ich hoffe sehr, daß die Leykam diese Tage bei uns essen, denn ich hätte Antoinette viel zu erzählen. Papa und Victor haben nicht zu Hause gegessen.

Freitag, 29. September
Wieder allein gegessen. Abends sind wir ins Kärntnertheater gegangen, wo ich die ersten französischen Vaudevilles angeschaut habe. Sie sind abominabel. Im Ballett »Die Nachtwandlerin« tanzte Mme. Romée recht gut.

Victor Metternich

Montag, 2. Oktober
Wir haben mit Caraman und einem sehr schweigsamen Herren diniert. Abends ging ich mit Papa und Mme. T. zu einem Konzert bei Leykams. Wie diese sich dort verloren hat, weiß ich nicht. Das Konzert war ganz hübsch. Fontana hat schön gesungen: Seine Stimme ist mächtig. Man könnte meinen, das Dach stürzt ein.

Dienstag, 3. Oktober
Wir haben allein gegessen und sind dann zur »Weißen Frau«, einer Oper, welche eine schöne Musik hat, aber wo recht schlecht gesungen wurde. Es wurde für den Namenstag des Kaisers illuminiert, was einen schönen Effekt machte. Ich habe lange keine Nachricht von Ida.

Mittwoch, 4. Oktober
Wir hatten eine große Diskussion, um zu klären, ob wir ins Theater gehen sollten. Endlich hat Papa uns holen lassen.

Donnerstag, 5. Oktober
Wir machten eine Promenade im Prater mit Victor. Dieser liebe Victor wird bald wegfahren. Warum bleibt er nicht bei uns? Abends waren wir zu Hause.

Freitag, 6. Oktober
Das Wetter ist detestabel. Wir haben nicht den Fuß vor die Tür setzen können.

Sonntag, 8. Oktober
Ich habe Ida einen langen Brief geschrieben, aber was mich über alles agaciert, ist, daß ich meine Briefe vorher lesen lassen muß. Christine ist über den Tag gekommen, und wir entnahmen mit Schrecken, daß sie vorhat, alle Sonntage zu kommen. Wir waren im Garten. Abends haben wir verschiedene Spiele gespielt und Karten-Zauberstücke gemacht. Victor machte seinen Dienst am Hofe. Wir sehen ihn nur abends, wenn er zu uns hinaufkommt.

Montag, 9. Oktober
Wir waren im Theater an der Burg, wo man den »Lästerschub« gab – ein recht schönes und gut gespieltes Stück.

Dienstag, 10. Oktober
Victor hat mich zu Tränen gerührt, als ich den Wunsch aussprach, ins Theater zu gehen, gab er mir sofort Geld für die Loge. Ich bin ihm so dankbar. Er ist perfekt zu uns, Gott möge ihn uns erhalten! Ich habe Lebanier, diesen so starken Mann, gesehen. Er macht wirklich überraschende Sachen, und wir konnten es nicht lassen, ihn zu bewundern.

Donnerstag, 12. Oktober
Papa und Victor haben nicht mit uns gegessen. Wir waren im Burgtheater zum »Verleumder« – ein schönes Stück.

Samstag, 14. Oktober
Victor hat mir noch nicht gesagt, was er mit seiner Intrigue wollte, und ich habe nicht den Mut, ihn zu fragen. Wir waren im Ballett »Carnaval de Venise«, das, obzwar blöd, doch hübsch ist.

Sonntag, 15. Oktober
Ich war in der Früh in der Messe in der Michaelerkirche. Hermine war desolat, nicht ihre liebe Teresina zu sehen, und wir verblieben den ganzen Tag allein. Louis Karoly kam zum Essen. Ich glaube, daß er ein guter Junge ist, doch möchte ich nicht seine Frau sein, denn ich glaube, daß er sehr blöd ist. Schönfeld heiratet Rosalie Grüner; ich glaube nicht, daß sie eine gute Ehe machen werden. Sie ist mir unsympathisch und er, obzwar sehr aimabel, doch recht leichtfertig. Ich sehe Antoinette überhaupt nicht mehr. Die Leykams sind ein wenig in Ungnade gefallen. Ich mag sie gern leiden. Sie ist gut, und ich glaube, daß sie mich auch gern hat. Aber wie sind Victor und sie zusammen? Ich weiß nichts davon.

Montag, 16. Oktober
Wie gewöhnlich, Promenade auf die Bastei. Die Herzogin von Sagan, Gräfin Potocka und Marie kamen zum Diner. Sidonie war von geblasenem Gold (or soufflé) bedeckt, welches ihr ein komisches Aussehen gab. Die Herzogin ist in den letzten Monaten, seitdem ich sie gesehen habe, recht gealtert. Victor ist traurig heute abend. Er scheint sogar ge-

weint zu haben. Es ist sicher diese meschante Marquise, die ihn so sekkiert. Wie traurig war ich, nicht meinen lieben Victor fröhlich wie immer zu sehen! Ich liebe ihn so sehr, und er verdient es voll und ganz. Warum hat er nicht Vertrauen zu mir? Sogar als er es mir versprach, hielt er nicht Wort. Er kennt mich schlecht!

Dienstag, 17. Oktober
Sepi hat mir heute früh reizende Armbänder sowie einen blauen und goldenen Gürtel geschickt. Wir waren im Burgtheater, wo sie ein wirklich hübsches Stück gegeben haben. Es hieß: »Sophie von der Wasl ...«
Großmama ist auch mitgegangen.

Mittwoch, 18. Oktober
Endlich habe ich wieder Antoinette gesehen. Ich hatte sie sechs Wochen nicht mehr zu Gesicht bekommen. Sie ist einen Teil des Abends bei uns geblieben. Sie ist gut und nett mit mir. Ich liebe sie auch von ganzem Herzen. Wie der Mensch sich verändert! Denn es sind schon zwei Jahre, wo ich sie nicht so gern leiden mochte, und jetzt conveniert sie mir so sehr. Das Vertrauen macht viel aus. Ohne es hat die Freundschaft keinen Boden und kann nicht von Dauer sein.

Donnerstag, 19. Oktober

Wir hatten ein großes Essen für den Geburtstag des Herzogs. Er kam mit Großmama und Tante Pauline. Es war ein zeremoniöses Diner. Abends bin ich zum Konzert zu den Leykams gegangen. Ich war viel mit Mimi Buol und Athenaise Batthany zusammen. Federigotti sang in der größten Perfektion, sowie auch Antoinette. Der kleine Thalberg, Adoptivsohn von Fürst Dietrichstein, spielte Clavecin, fast so gut wie Mocheles. Dieses Konzert machte mir große Freude. Ich hatte meine geblasenen Goldperlen in den Haaren und trug ein Organdikleid. Victor ist nur kurz geblieben. Er geht so gern früh schlafen und konnte dem nicht widerstehen. Antoinette war hübsch wie immer. Wir hatten uns vorgenommen, uns gleich zurechtzumachen, was wir auch machten. Athenaise war auch sehr hübsch. Wellesley machte ihr viel den Hof.

Freitag, 20. Oktober

Wir haben nichts Besonderes gemacht. Felix Schwarzenberg kam zu uns dinieren. Ich hatte ihn mir sehr schön vorgestellt, und er ist nichts dergleichen und nicht in der ersten Jugend.

Samstag, 21. Oktober

Wir waren im Kärntnertheater, wo Mocheles mit der größten Perfektion spielte. Es gibt in der Tat keinen großen Unterschied zwischen dem kleinen Jungen und ihm.

Sonntag, 22. Oktober
Die Clarys sind uns besuchen gekommen. Sie sind seit kurzem vom Land zurückgekehrt. Victor soll sehr bald wegreisen, ich bin darüber untröstlich. Christine ist wieder gekommen, sie ist recht fad. Wir haben allein gegessen, da Papa ein großes diplomatisches Diner hatte.

Montag, 23. Oktober
Papa hat nicht zu Hause gegessen. So sehe ich auch Victor kaum, denn in der Früh kann ich selten hinunter, und er kommt nur einen Moment hinauf zum zweiten Frühstück.

Dienstag, 24. Oktober
Papa hat wieder nicht mit uns gegessen, aber dafür wenigstens Victor. Wir hatten ein Konzert zu Hause, wo Federigotti und Fontana in der größten Perfektion gesungen haben. Antoinette hat auch schön gesungen, und Mme. Lebzeltern spielte Clavecin, aber sie ist nicht so talentiert, wie man es sagt, und ich finde nichts Außerordentliches an ihr. Victor hielt es bis zum Schluß aus, was er gewöhnlich nicht tut und sich meistens um neun Uhr spätestens zurückzieht.

Mittwoch, 25. Oktober
Wir waren im Spektakel in der Burg. Die Leykams kommen nicht mehr essen, seitdem sie mit Papa

brouilliert ist. Er findet sie recht komisch. Abends gingen wir ins Kasperltheater.

Samstag, 28. Oktober
Wir hörten von der Verlobung von Don Miguel mit der kleinen brasilianischen Prinzessin. Wir lesen »Die kleinen Emigrierten«, die ich zum dritten Mal lese.

Sonntag, 29. Oktober
Ich machte mit Hermine eine Visite bei Baronin Stürmer, die immer recht affektiert ist. Sie ennuyiert mich. Dann gingen wir in den Prater, anschließend zu Miß Charlotte. Sie ist aimable, wenn sie guter Laune ist. Flore ist gekommen, uns zum Burgtheater abzuholen, wo wir »Die Tochter der Luft« von Frau Müller anschauten.

Dienstag, 31. Oktober
Ich habe ein häßliches Wimmerl im Auge, das, ohne mich zu sehr zu belästigen, geschnitten werden muß. Das macht mir recht angst. Wir sind ausgegangen, auf die Bastei zu spazieren. Abends war niemand da. Victor muß in einigen Tagen weg, was mich verzweifeln läßt. Ich wollte gern ins Theater, aber die ekelhafte Mlle. Tardiveau hat es nicht erlaubt. Sie ist unausstehlich.
Victor soll Samstag verreisen. Ich fürchte mich vor diesem Tag. Felix Schwarzenberg kam uns eine Visite machen.

Freitag, 3. November
Wir sind im Prater spaziert. Das Wetter war ziemlich schön. Wir hatten Felix Schwarzenberg zum Diner mit dem jungen Fries. Sie reisen bald beide nach Amerika. Victor soll Montag abreisen. Das ist bald. Ich bin zu »Balboa« gegangen, einer rührenden Tragödie, und ich habe wie ein dreijähriges Kind geweint. Mme. Müller und Korn spielten in der größten Perfektion.

Sonntag, 5. November
Papa hat nicht zu Hause gegessen, obzwar Victor mit uns diniert hat. Seine Abreise ist auf Dienstag verschoben. Ich bin recht froh, wenigstens so viel gewonnen zu haben.

Montag, 6. November
Victor sollte vorgestern abreisen, aber es wurde auf morgen fixiert: Er ist recht verspätet.

Dienstag, 7. November
Es gab abends ein schönes Konzert. Es waren eine Menge Leute, und mein lieber Federigotti hat wie ein Engel gesungen. Obgleich er etwas verschnupft war und nicht so schön gesungen hat wie gewöhnlich.
Die Batthanys haben auch gesungen, aber nicht so gut. Sie haben spitze Stimmen, sowie auch Fanny Hügel, die unangenehm singt.

Mittwoch, 8. November
Der erste Schnee ist heute gefallen, und es war ein detestables Wetter. Wir haben den Clarys eine Visite gemacht, sowie auch Großmama, um zu sehen, wie es ihr nach ihrem Konzert geht.
Es waren viele Leute zum Diner: Caraman, die Gräfin O'Donnell und Apraxine. Victor blieb noch, da er Zahnweh hatte, und ließ sich drei Blutsauger auf das Zahnfleisch setzen.

Donnerstag, 9. November
Gräfin Dietrichstein machte uns heute früh mit Julie eine Visite. Nun ist Victor abgereist: Ich habe wie eine Unglückliche geweint und bin noch recht schweren Herzens. Er ist weg, und das für sieben Monate, und ich erlebe, daß bei solchen Gelegenheiten diejenigen, die bleiben, mehr leiden als die, die verreisen. Die ersten sehen überall den Menschen, den sie verloren haben, während die anderen ihre Lebensweise verändern. Ich sehe Victor überall, beim Diner ist sein Platz mir gegenüber leer. In der Früh, wenn ich zu Papa heruntergehe, finde ich ihn allein und ohne den, den ich so sehr liebe und der es so verdient.

Freitag, 10. November
Victor fehlt mir so sehr, ich kann es nicht genug sagen! Ich wollte fast beim Essen weinen, als ich seinen leeren Platz gesehen habe, aber man muß vernünftig sein und nicht sich grämen über etwas, das man nicht ändern kann.

Wir sind ins Kärntnertheater gegangen, wo man ein recht blödes Ballett gab. In der Früh sind wir auf der Bastei spaziert und auch in der Stadt. Die Heirat, die für Victor geplant wurde, findet nicht statt. Man hat zu viele Bedingungen gestellt.

Samstag, 11. November
Ich habe Victor ein paar Zeilen in Begleitung eines Briefes geschrieben, der von Paris kam und entweder von dem »Amico« oder von der Marquise ist. Wir haben ganz allein gegessen.
Victor kommt gut vorwärts, er wird schon sehr weit weg sein. Dann haben wir abends Bilder für unseren Wandschirm ausgeschnitten.

Montag, 13. November
Ich bin ins Burgtheater gegangen, wo wir ein hübsches Stück, das »Die Mädel« heißt, angesehen haben. Rethy spielte zum ersten Mal, und sehr gut im Vergleich zu früher.

Mittwoch, 15. November – Feiertag
Detestables Wetter. Gräfin Fuchs und Antoinette sind uns besuchen gekommen. Ich habe mich sehr gefreut, letztere zu sehen.

Freitag, 17. November
Das Wetter war schön, und wir waren im Prater. Ich bin abends im Theater gewesen, wo man ein schönes Stück gab: »Delphine und Arnulph«. Rethy hat gut gespielt.

Samstag, 18. November
Wir haben allein gegessen und dann Großmama besucht, wo wir die Zichys vorfanden. Ich habe Ida zum ersten Mal wiedergesehen: Sie ist viel dicker geworden und sehr embelliert. Sie ist immer so nett.

Sonntag, 19. November
Wir haben zum ersten Mal unsere Soiree gehabt, und wir waren recht fröhlich und zufrieden.

Montag, 20. November
Wir hatten die Zichys zum Essen. Viktor (Zichy) war auch da und sprach viel mit mir, aber er gefällt mir nicht mehr. Er kommt mir recht frech vor.

Dienstag, 21. November
Ich gehe morgen zu einem Ball bei Tatitcheff, was mir nicht ganz angenehm ist, da ich heute meine Regel bekommen habe.

Mittwoch, 22. November
Tante Pauline ist wieder mit dem Herzog gekommen und hat bei unserem Diner assistiert. Abends bin ich zum Ball, wo ich mich ungemein gut amüsiert habe. Ich habe viel getanzt und bin erst um drei Uhr früh nach Hause gekommen. Morgens bei Großmama.

Donnerstag, 23. November
Ich bin erst um neun Uhr aufgestanden. Es war der Namenstag Papas. Großes Diner bei Großmama für Papa. Sie war krank, sogar ernstlich, und hatte ein kleines Fieber. Abends ist Ida gekommen.

Freitag, 24. November
Wir haben eine Menge Leute bei uns empfangen: die Clarys, Liechtensteins und Féstétics. Wir wollten mit ihnen spazierengehen, aber es war ein zu starker Wind. Abends waren wir bei Clarys.

Montag, 27. November
Ich war den ganzen Tag am Zögern, ob ich zum Hofball gehe oder nicht. Endlich haben die Zichys mir ein Kleid, ganz in Silber gestickt, borgen wollen. Aber es war zu pompös, und da habe ich ein altes und garstiges angezogen. Ich habe mit sehr guten Tänzern getanzt: die drei Stadionen, Trauttmansdorff, Taxis, F. Liechtenstein, Ch. Hügel. Ich bin mit der Fürstin Johannes hingegangen.

Mittwoch, 29. November
Heute gab es eine Sonnenfinsternis, aber sie war nicht vollständig, nur partiell. Die Leykams haben bei uns gegessen. Antoinette ist kühler mit mir. Ich suche auch nicht so sehr ihre Freundschaft. Ich habe genug mit Ida.

Freitag, 1. Dezember
Wir sind mit Ida den kleinen Janos anschauen gegangen. Er ist sehr herzig. Dann haben wir die Appartements gesehen, die sehr schön sind und mit viel Luxus möbliert. Wenn Victor Henriette geheiratet hätte, so hätte er schon einen kleinen Buben. Papa hat nicht zu Hause diniert. Abends zu Hause.

Sonntag, 3. Dezember
Wir hatten eine große Soiree bei Helene Féstétics, wo Hermine Hatzfeldt enorm aufgetakelt war, was uns für die Charaden störte. Am Ende haben wir nur die erste Silbe gemacht.
Ich habe einen Brief von Victor bekommen und ihm geschrieben.

Dienstag, 5. Dezember
Wir hatten ein großes und langweiliges diplomatisches Diner. Abends waren wir im Burgtheater in einem schönen Stück. Ida ist während eines Akts in unsere Loge gekommen.

Mittwoch, 6. Dezember
Papa hat ein Herrendiner. Wir waren allein und haben uns mit unserem Zimmer begnügt und haben den Abend recht traurig verbracht.

Samstag, 10. Dezember
In der Früh sind die Stürmers gekommen. Dann haben wir den Vormittag bei Großmama verbracht.

Abends zu Hause, und Helene Féstétics ist gekommen. Sie ennuyiert mich zu Tode. Ich habe einen Brief von Victor bekommen und ihm geschrieben.

Mittwoch, 13. Dezember
Ich war zu einem Konzert bei Flore, wo Federigotti in der größten Perfektion gesungen hat. Man sagt, er wäre in Aglae Batthany verliebt.

Freitag, 15. Dezember
Wieder allein gegessen. »Johann von Finnland«, das im Burgtheater gegeben wurde, und wo wir hingingen, gefiel uns sehr. Korn und Frau Müller spielten vortrefflich gut.

Sonntag, 17. Dezember
Die Leykams sind zum Essen gekommen, sowie auch Federigotti und Visconti. Abends bin ich ins Theater in der Leopoldstadt gegangen, um den »Bauer als Millionär« zu sehen. Es ist wirklich ein hübsches Stück, und ich habe mich gut unterhalten. Raimund spielt mit der größten Perfektion.

Donnerstag, 21. Dezember
Die Zichys und der Prinz Gustav von Schweden haben bei uns gegessen. Er ist sehr aimable, und wir waren von ihm entzückt. Abends in der Burg zu »Hedwig«.

Sonntag, 24. Dezember
Heute war ein Konfusionstag. Wir haben ein Paket von Victor aus Paris bekommen mit unseren Präsenten. Sie waren herrlich: ein rosa Ballkleid und eins aus weißem Organdi. Sie sind reizend und haben uns riesig gefreut. Dann waren noch viele schöne Sachen. Victor hat uns so viel geschickt und uns ein sehr schönes Weihnachten gemacht. Abends waren wir bei Clarys.

Montag, 25. Dezember – Feiertag
Wir waren abends bei Ida, und in der Früh haben wir Tante Pauline eine Visite gemacht, um uns für ihre Ohrringeln zu bedanken.

Dienstag, 26. Dezember – Feiertag
Wir waren in der Messe in der Minoritenkirche und sind nachher auf die Bastei spazierengegangen. Wir haben noch eine Soiree gehabt. Wir haben gespielt und uns sehr gut unterhalten.

Mittwoch, 27. Dezember
Unsere Stunden haben wieder angefangen, was mir sehr gegen den Strich geht. Abends zu Hause.

Freitag, 29. Dezember
Pepi hat bei uns gegessen. Ich habe von Victor einen so guten und lieben Brief bekommen, genau wie er es auch ist. Abends zu Hause.

Samstag, 30. Dezember
Wie gewöhnlich gelesen und gearbeitet. Wir sind den ganzen Tag zu Hause geblieben. Um überaus glücklich im Lauf meines Lebens zu sein, hätte ich gewünscht, daß Victor Henriette heiratet, oder ich einen Liechtenstein, weil es die Familie ist, die ich allen vorziehe. Sie sind so glücklich, und das ist doch so selten! Daß ich Kinder nur nach einem Jahr Ehe bekomme: ein Mädchen und einen Buben, aber nicht mehr. Daß mein Mann Victor ähnlich sei, sowohl im Gesicht als auch in den Manieren. Daß er eine zahlreiche Familie habe und mich so gern wie möglich habe. Daß ich nie Wien verlasse, oder nur im Sommer zu einem schönen Landsitz wie Eisgrub ... Aber der heißeste Wunsch meines Herzens ist schon mit der Heirat von Henriette gescheitert. Ich wollte über alles, daß Victor sie heiratet, und ich kann sie nicht sehen ohne ein Gefühl der Trauer. Aber der Mensch proponiert, und Gott disponiert. Ich finde, daß alles, was ich hier gesagt habe, recht blöd ist, außer was Henriette betrifft.

Zweiter Teil

(Original teils in deutsch, teils in französisch)

1. Januar 1827
bis
29. August 1829

1te Jäner 1827.

Wieder ein Jahr vorbei und ich fühle jetzt schon was ein Jahr wenig ist; kaum angefangen so endet es auch schon, und wenn man ein Jahr volkommen glücklich war so findet man das Ende immer zu schnell. Wir war bei Clary wo ein Diner war wir unterhielten uns sehr gut

3te Jäner

Heute war ein dinner Zichy. Wir gingen nachher in den neuen Ballet Castor und Pollux die schluss Decoration ist besonders schön

6te Jäner

Heute haben wir die Könige bei einem Souper gezogen, allein niemand ist es gewesen denn uns hat gewünscht die Baron

gefunden, wir haben nichts gespielt und haben

den Abend mit schwatzen zugebracht

7ten Jänner

Heute war wieder eine Soirée aber bei

Da wir haben mit den Gouvernanten gespielt

und haben uns sehr gut unterhalten

wir spielten blinde Kuh und verschiedene [illegible]

11ten Jänner

Der Madame Kirchhofer ist bei uns

übel geworden es war sehr traurig und

den ganzen Tag haben wir nichts essen

können so waren wir davon degoutiert. – Wir

essen bei der gnädigst. Mama. –

16ten Jänner

Ich ging auf meinen ersten Ball zu

der Gräfin Sedlnitzky ich habe mich sehr gut

unterhalten und habe alles getanzt –

ich hatte ein [illegible] Kleid welches unten gestickt war und auf dem Kopf Blumen ich ging mit der Fürstin Lengeldin und mit dem [illegible]

18ten Jäner

Der Lagleur war heute beim Essen und die Ida ist zu mir gekommen wir blieben den ganzen Abend beisammen und haben discouriert

20ten Jäner

Papa ass bei uns gleich nach dem Essen kam der Kerber. Wir gingen in's Burg Theater wo wir zum ersten Mahl die [illegible] gab der Löwe und die Mlle Anschütz spielten vortrefflich gut.

24ten Jäner

Wir waren heute bei der gross Mama zu essen sind aber gleich weggegangen um uns für den Ball von Liechtenstein anzuziehen. Hermine war auch mit, sie hat getanzt und hat sich recht gut unterhalten,

1. Jänner 1827
Wieder ein Jahr vorbei, und ich fühle jetzt schon, wie wenig ein Jahr ist. Kaum angefangen, so mahnt es auch schon, und wenn man ein Jahr vollkommen glücklich war, so findet man das Ende immer zu schnell.

3. Jänner
Heute war ein Diner bei den Zichys. Wir gingen nachher in das neue Ballett »Castor und Pollux«. Die Schlußdekoration ist besonders schön.

6. Jänner
Heute haben wir die Könige bei einer Soiree gezogen. Allein, niemand ist es geworden, denn man hat gar nicht die Bohne gefunden.

7. Jänner
Heute war wieder eine Soiree bei Ida. Wir haben mit den Gouvernanten blinde Kuh und noch eine Menge anderes gespielt und haben uns sehr gut unterhalten.

11. Jänner
Der Madame Rutherford ist es bei uns übel geworden. Es war sehr grauslig, und den ganzen Tag haben wir nichts essen können, so waren wir davon degoutiert.

16. Jänner
Ich ging mit der Fürstin Leopoldine und Lori auf meinen ersten Ball bei der Gräfin Pallavicini. Ich habe mich sehr gut unterhalten und habe alles getanzt. Ich hatte ein Organdikleid an, unten bestickt, und Blumen auf dem Kopf.

20. Jänner
Wir gingen in das Burgtheater, wo man zum ersten Mal »Die Flitterwochen« gab. Der Löwe und die Mme. Anschütz spielten vortrefflich gut.

21. Jänner
Wir waren heute bei der Großmama zum Essen, sind aber gleich weggegangen, um uns für den Ball von Féstétics anzuziehen. Hermine war auch mit. Sie hat getanzt und hat sich recht gut unterhalten. Ich habe wirklich nicht geglaubt, daß sie je hätte tanzen können. Mein geliebter Rudolf war da. Er ist dieses Jahr viel hübscher als voriges.

26. Jänner
Die ganze Casa Leykam war bei dem Essen. Ich ging auf einen Hofball, wo ich ein neues Kleid aus Gaze mit einem Bouquet Rosen und dasselbe in den Haaren anhatte. Ich habe zum ersten Mal die Marie Lobkowitz als Frau gesehen. Sie sieht ganz imposant aus und hatte eine Menge Diamanten. Sie ist aber immer noch so freundlich mit mir wie vor ihrer Heirat, und es hat mich gefreut, sie wiederzusehen.

Sidie Fuchs ist einfach bucklig, aber schön. Er, der gute Mann, hat krumme Füße. Sie tanzen immer fleißig miteinander.

Mittwoch, 30. Jänner
Papa und ich waren heute bei einem Konzert von der Batthany. Lablach sang zum ersten Mal, und man empfing ihn mit immer größerem Applaus. Schönstein sang ebenfalls. Viele finden seine Stimme schöner als die von Federigotti, welches ich aber nicht finden kann. Die schöne Athenaise hat auch gesungen. Sie hat eine angenehme Stimme, und sie embelliert sehr im Singen.

1. Februar
Ich hatte einen sehr hübschen Ball bei der Erzherzogin Sophie. Es war der erste, den sie in diesem Jahr gab. Ich habe mein rosenfarbiges, schwarz lithographiertes Kleid angehabt. Es hat sehr viel Effekt gemacht und war aber auch recht hübsch. Der Graf Kinsky ist wirklich mein Freund in der Not. Sooft ich glaubte sitzenzubleiben, kam er mir helfen.

2. Februar
Heute war eine Soiree bei uns. Helene kam auch. Wir haben Komödie gespielt. Der arme Floret ist heute gestorben. Er war schon recht gebrochen und er konnte kaum gehen. Mir tut es sehr leid, denn er war meiner ganzen Familie sehr attachiert.

8. Februar
Auf dem Hofball waren ich und Ida gleich angezogen, welches uns sehr unangenehm war, da es alle Leute merkten.

3. März
Die Madame Schoberlachner hat heute zum ersten Mal gesungen. Die arme Person wurde fürchterlich ausgepfiffen. Man gab hierauf »Castor und Pollux«. Lata Wrbna, welcher sehr der Gräfin Potocka die Cour macht, ging ihr nach, als er sie vom Parterre sah, und wartete auf sie bei der Stiege.

21. März
Wir gingen mit der kleinen Stolberg ins Theater in der Kärntnerstraße. Agnes sah ein Ballett zum ersten Mal. Sie hatte auch nicht genug Augen, um zuzusehen. Man gab »Die Fee und den Ritter«. Mlle. Brignoly tanzte wieder zum ersten Mal. Allein ich liebe nicht sehr das »genre« von ihr, immer auf die Spitzen zu gehen und zu tanzen.

24. März
Ich war in einer sehr hübschen Komödie bei Tatitcheff. Man gab zwei Stücke. Das erste war »Le Valet d'emprunt« und das zweite »Des Femmes romantiques«. Zum ersten kannten sie ihre Rollen nicht sehr gut, und der Fürst Taxis ist einmal steckengeblieben. Die Gräfin Apraxin spielte ungemein gut, besonders aber war das zweite sehr amüsant. Die

Equipage Tatitcheffs

Gräfin Mischak sah unglaublich aus. Ich war neben der Antoinette und der Ida, und bei dem Souper habe ich mich sehr amüsiert, denn die meisten Leute sind weggegangen, und wir mußten noch bis zwei Uhr bleiben. Nandine Karoly spielt fürchterlich schlecht, sowie auch die Louise Schönburg. Aber sie waren gut angezogen und sahen recht hübsch aus. Wir wollen nun auch ein Stück spielen. Ich freue mich sehr darauf. Es heißt: »Être et paraître«.

30. März

Wir gingen heute mit Papa in die Leopoldstadt, wo man den »Bauer als Millionär« gab. Raimund spielte vortrefflich, und Krännes, welche sonst immer sehr applaudiert wurde, wird es jetzt gar nicht mehr, seit der Geschichte von Jawginsky. Antoinette war mit uns und auch Teresina.

3. April

Wir waren bei Ida, wo wir eine Probe von unserem Stück hatten. Es ging recht gut, und wir wollen es schon Donnerstag geben. Nachher ging ich mit dem Papa zu Tatitscheff zu einem »spectacle de Société«. Man gab zwei hübsche Stücke. Das erste war »L'Oncle«, in welchem die Nany Esterhazy spielte, und sie sprach ein »espèce de patois« in der größten Perfektion und war überaus hübsch. Das zweite, »L'Ambassade«, wurde ebenfalls von der Louise Schönburg sehr gut gespielt. Sie machte eine kleine »marchande de modes«, Taxis – den Botschafter, Nandine – seine Tochter und Gravin – den Geliebten. Er hat aber wenig Talent zum Komödienspiel und verdirbt alle Rollen. Wir blieben beim Souper, welches gewalttätig langweilig war. Zum Glück blieben auch die Schwarzenbergs. Folglich habe ich mich ennuyiert. Die Zichys gingen zum ersten Mal wieder in die Welt seit ihrer Trauer.

5. April

Abends hatten wir unser Stück. Vorher hatten wir noch zwei Repetitionen, und die Vorstellung selbst ging recht gut. Es waren ziemlich viele Zuschauer: die Großmama, die Tante, Papa, Mme. Marchal und die Gouvernanten, außer Tardiveau und Bodi, welche mit uns spielten. Ida hatte die Hauptrolle. Sie machte eine junge Witwe, welche sehr kokett ist, wünscht auf einen Ball zu gehen, wird aber daran durch mehrere Besuche gehindert. Ich machte eine

»maîtresse de Grammaire« und eine Malerin. Ich hatte sehr wenig Zeit zwischen zwei Rollen, um mich umzuziehen. Lorli war sehr herzig als Soubrette und spielte ebenfalls gut. Wir hatten ein so kleines Goûter, daß ich mich schämte für die Menge Leute, welche da waren. Ich habe mich folglich gevierteilt, um das Fehlende durch meine extreme Freundlichkeit vergessen zu lassen. Die Gouvernanten, dessen nicht gewohnt, waren überaus erstaunt.

7. April
Wir gingen wieder zu einer Komödie bei Tatitcheff. Ich finde, daß die Fürstin Rasumofsky sehr schlecht gespielt hat. Sie sah so alt aus und hatte ganz die Tournure von der Therese Jablonofsky, ihre Schwester Loulou Thürheim verstand man nicht einmal. Die Gräfin Apponi war recht herzig. Man gibt dieses Stück in der Burg. Im Französischen heißt es »Les deux ménages«. Hubert war der einzige, welcher wirklich gut spielte. Ich kam mit der Fürstin Johannes zurück. Heute war der Namenstag von Hermine. Ich habe ihr ein Tintenfaß geschenkt. Von den Leuten bekam sie eine Menge Blumen. Sonst hat aber die arme Kleine gar wenig erhalten. Ich habe sie sehr bedauert, denn ich habe viel mehr bekommen bei meinen Festen. Die Tante gab ihr gar nichts.

17. April
Im Burgtheater gab man zwei neue Stücke. Das erste war die »Heirat aus Vernunft«. Ein sehr hübsches Stück. Es war so ganz für mich und hat mir auch sehr den Kopf montiert. Es ist nämlich ein junger Mensch, welcher die Kammerjungfer seiner verstorbenen Mutter liebt, welche mit ihm aufgezogen wurde. Die junge Person teilt seine Gefühle, die noch in der Pflege, welche sie ihm in einer Krankheit erweist, zunehmen. Der Baron wartet ab und beschließt, seinen Sohn von ihr zu trennen. Er findet kein besseres Mittel, als sie zu verheiraten, welches Marianne mit Widerwillen tut.
Doch sie erfährt durch eine Bäuerin, daß der junge Baron ihr auch kurz die Cour machte und hernach noch mehrere andere liebte. Sie sieht ein, daß er ein leichtsinniger Mensch ist, trachtet, ihn zu vergessen, und fängt an, in ihrem Mann die Eigenschaften zu finden, welche zur häuslichen Glückseligkeit notwendig sind. Das zweite Stück war so ziemlich dumm. Es wurde sehr gut von dem Müller und vom Korn gespielt. Der Papa sagte mir, daß Victor für einige Zeit in England ist. Ich glaube, er wird darüber nicht sehr erfreut sein.

22. April
Wir waren mit Lorli Fuchs in der Früh im Prater. Der Graf Sandor war wieder wie närrisch, und der Fürst Taxis ist vom Pferd gestürzt. Er hat sich nichts getan.

25. April

Heute hat der David zum ersten Mal gesungen. Es war eine große Menge Menschen. Allein er hat sehr viel von seiner Stimme verloren, und alle Adoratrizen waren in einer völligen Verzweiflung. Die Großmama konnte sich gar nicht trösten. Überhaupt wurde die ganze Oper »Moses« nicht gut exekutiert, und außer Lablach und der Lulandi singen die anderen nicht besonders. Die Antoinette war mit, und ich fürchte nur, daß, wenn sie immer so mit uns geht, man glaubt, daß der Papa in sie verliebt ist.

29. April

Wir gingen am Abend einen Augenblick zur Ida, aber ich mußte früh nach Hause, um meine Toilette zu machen zu einem kleinen Ball, welcher bei uns war. Ich habe mit Ida gewartet, daß der Graf Chorinsky bei uns sein wird und ich mit ihm tanzen würde, denn sie tun mich alle quälen, daß ich in ihn verliebt bin. Aber eigentlich liegt mir gar nichts an ihm. Unser Ball war recht unterhaltend. Allein es waren zu wenig Leute, und der Cotillon bestand nur aus fünf Paaren. Es dauerte aber auch nicht lange, und um ein Uhr war alles schon aus. Ich tanzte mit dem Fürst Paar, Taxis, Conningham und Louis Liechtenstein. Ich habe den Papa betteln müssen, dabei zu sein.

30. April
Wir hatten ein großes Picknick mit der Fürstin Esterhazy. Ich fürchtete, daß es langweilig sein würde, habe mich aber doch recht gut unterhalten, denn der Orsini hat uns wirklich lachen gemacht. Er ist ein Spaßmacher, der wenigstens die Gabe hat, einen gelegentlich zu amüsieren. Ich und Antoinette haben völlig kokettiert mit Caraman. Ich fuhr dann mit Papa im Prater, wo eine Menge Menschen waren. Der Graf Sandor ist wütend über die Barriere gesprungen. Antoinette und ich gingen abends ins Theater.

3. Mai
Ich ging abends zu der Gräfin Mara, wo eine recht hübsche Komödie und ein Kinderballett war. Die Kammerjungfern tanzten mit und schauten wirklich sehr nett aus. Das kleine Fest wurde für die Comtesse Marie gegeben, denn es war ihr Geburtstag. Die Dekoration stellte Hütteldorf vor. Die Kleinen waren als Bäuerinnen angezogen, und besonders die ganz Kleine war deliziös. Sie warf der Fürstin ein großes Bouquet zu.

7. Mai
Ich mußte schon in aller Früh aufstehen, um mich von dem Coiffeur frisieren zu lassen, und dann zog ich mich geschwind an, um fertig zu sein, wenn die Fürstin Johannes kommt, um mich zum Déjeuner zu Hof zu nehmen. Wir kamen schon ein wenig zu

spät an, denn wir gingen sogleich zum Essen, welches ungefähr zwei Stunden dauerte, und man fing erst um zwölf Uhr zu tanzen an, welches auch machte, daß man nur drei Deutsche und einen Cotillon tanzte. Ich blieb bei dem zweiten Deutschen sitzen, welches mich sehr unglücklich machte. Ich hatte frische Blumen in der Hand und Rhododendron in meinen dicken Locken. So wurde meine Frisur gar nicht ruiniert. Es waren recht hübsche Toiletten. Besonders war alles sehr frisch. Die Gräfin Szapary war eine der Hübschesten.

Ich tanzte den ersten mit dem Louis Karoly, den zweiten nicht, den dritten mit dem Herzog v. Reichstadt, den Cotillon mit Franzl Taxis, Quadrille mit Felix Schwarzenberg.

Des Abends ging ich mit Papa in »Moses«.

12. Mai

Heute waren in der Früh die Liechtensteins bei uns. Sie werden einen dieser Tage aufs Land gehen. Wir sprachen im Garten, wo eine Menge Menschen waren, die Amélie, die Fürstin Kaunitz, Palffy und Lebzeltern. Wir gingen zu Fuß nach Hause, denn es war ein magnifikes Wetter. Wir müssen jetzt wieder Schwarz gehen für den König von Sachsen.

15. Mai

Heute war der Namenstag von Papa. Wir hatten keine Minister und unterhielten uns sehr gut, aber wir hatten ein fürchterliches Diner beim Herzog von einer Steife, von der man sich keinen Begriff macht. Es dauerte auch anderthalb Stunden, und ich glaubte, ich müßte vor Langeweile vergehen. Wir gingen dann ins Burgtheater, wo man ein neues Trauerspiel gab, welches sehr gut gespielt, aber sehr skandalös ist. Es heißt »Isidor und Olga«, Zorn und Müller sind vortrefflich. Heute kam die Anzeige der Vermählung von der Sophie Fürstenberg mit dem Öttingen.

16. Mai
Ich hatte heute einen sehr liederlichen Tag. Ich ging in der Früh zu Leykams, um Tableaux zu wiederholen. Von da gingen wir zu Liechtensteins, wo wir Abschied nahmen, und dann zog ich mich geschwind um, um im Schüttel zu fahren mit dem Papa, wo wir aßen. Des Abends hatten wir eine Soiree und Konzert bei Leykams, welches man für den Papa gab. Ich figurierte auch mit und machte einen »heiligen Johannes«. Ich war die ganze Zeit mit der Caroline Trauttmansdorff, welche eine der amüsantesten Personen ist, welche es gibt. Unter den Tableaux war das letzte, welches Jakob vorstellte, wie er seine Kinder segnete. Dieses war das hübscheste nach meinem Geschmack.

1. Juni
Es war ein großes Diner im Garten. Das geschieht jetzt beinahe alle Tage. Die Herzogin von Württemberg, geborene Taxis, ist eine überaus steife Person.

Sie sieht ein wenig der Fürstin Therese ähnlich, aber sehr »en laid«. Es war ein gewisser Genitran bei dem Essen. Er ist ein schöner Mensch. Er spricht aber so spießig französisch, daß immer die kuriosesten Sachen hervorkommen. Wir haben heute Früh im Schwarzbergischen Garten gefrühstückt mit der Ida. Wir konnten aber nicht lange bleiben, weil wir schon einen Minister um neun Uhr hatten. Ich habe einen Brief von Victor bekommen, in welchem er sich fürchterlich ausmacht, daß ich ihm so lange nicht geschrieben habe.

2. Juni
Wir waren heute in der Früh einkaufen in der Stadt. Der Neumann ist von Brasilien gekommen. Er hat sehr viel von der kleinen Königin von Portugal, Maria di Gloria, gesprochen. Sie ist erst sieben Jahre alt und sieht aus wie eine Person von 16.
Die Liechtensteins und die Clarys sind in den Garten gekommen. Wir haben eine Menge gespielt, und dann haben wir uns eine Schaukel gerichtet, auf welcher wir uns puschten, und haben uns ungemein gut unterhalten.

6. Juni
Wir gingen heute in der Früh in das brasilianische Naturalienkabinett. Die Leykams waren mit uns. Ich komme ganz von Antoinette ab. Wir sprechen uns gar nicht mehr. Sie will immer die Gescheite machen. Ich bin heute abend zum letzten Mal bei

Liechtensteins gewesen. Gestern bin ich mit ihnen in die Bildergalerie gegangen. Mir tut es ungemein leid, daß Ida morgen in der Früh weggehen soll. Ich glaube, sie läßt sich für mich malen für meinen Namenstag. Es würde mich sehr freuen.

15. Juni
Wir waren heute auf dem Cobenzlberg essen. Das Wetter war sehr schön, nur zum Hinfahren war es überaus heiß. Wir gingen dann auf dem Himmel und von da durch die Dörfer nach Hause und kamen sehr spät zu Hause an. In ein paar Tagen ist mein Geburtstag. Ich glaube, ich werde nicht viele Präsente bekommen. Es ist aber sehr sonderbar, daß alle zwei Jahre jemand aus meiner Familie stirbt. Ich fürchte sehr, daß ich in meinem 16. Jahr die Großmama verlieren werde. Leider habe ich mich fast an diese Sachen gewöhnt.

18. Juni
Es war heute mein Namenstag und 16. Geburtstag. Ich habe nie so viele und so schöne Sachen bekommen wie dieses Mal. Erstlich von Sepi ein sehr schönes Ding, um die Bleistifte mit allen notwendigen Utensilien auf dem Schreibtisch zu halten. Von Papa ein magnifikes Bracelet von Stimmerer. Von der Großmama einen schweren Voile, welchen ich mir immer sehr wünschte. Vom Herzog einen Ständer für Papier aus weißem Holz, von Hermine ein Tintenfaß, von der Tardiveau eine passende Vase und

von der Antoinette einen weißen Basthut, welcher sehr hübsch ist. Die Ida hat sich für mich malen lassen, und es ist sehr ähnlich. Das Porträt ist von meinem kleinen Ringaldin. Ich war des Abends im Theater, wo man »Gabriele und Peter« und »Der Ring« gab. Zwei recht hübsche Stücke. Ich wünsche nur, daß das 16. Jahr ebenso glücklich sein wird wie mein 15., wo ich gar keinen unglücklichen Tag hatte und es bestimmt zu dem glücklichsten Jahre meines Lebens rechnen kann.

22. Juni

Wir waren bei einem großen Diner in Hatzdorf für den Namenstag von der Tante. Es dauerte zwei Glockenstunden. Ich wäre beinah eingeschlafen. Es waren sehr viele Leute, erstlich schon die ganze hohe Familie, und dann war noch der Neumann, Hohenzoller und Salis da. Ich habe mich seit langem nicht so bei einem Diner ennuyiert. Mir tut es überaus leid, daß die Ida schon fort ist. Ich habe ihr immer so viel zu sagen und fühle mich immer so allein, wenn sie nicht da ist. Ich hoffe doch, einen dieser Tage ihr meinen Besuch zu machen.

27. Juni

Ich habe eine Landpartie nach Liechtenstein mit der Fürstin Kaunitz gemacht. Was für eine glückliche Familie, denn sie sind alle so innig miteinander. Mein heißester Wunsch wäre, auch einmal in diese Familie zu kommen. Ich finde sie beneidenswert.

Mir hat es völlig wohlgetan, die Ida zu sehen und mit ihr recht frei reden zu können. Ich habe so viel auf dem Herzen, und es tut oft so wohl, mit jemandem sprechen zu können wie mit sich selbst. Besonders wenn man sicher ist, daß man dasselbe Zutrauen zu einem hat, denn das Vertrauen macht die Freundschaft teurer, und der Gedanke, daß man eine wahre Freundin wie ein zweites Selbst gewonnen hat, welche einem Rat und Beistand gibt, ist angenehm.

6. Juli
Wir haben eine enorme Promenade gemacht mit den Leykams, dem Papa und Caramans. Wir gingen nach Mauzer und von da zu Fuß nach Hatzendorf. Es ist ein göttlicher Weg. Ich habe aber nur ein starkes Milzstechen gehabt, welches mich so ziemlich leiden machte. Wir kamen erst um zehn Uhr nach Hause.

8. Juli
Die gute Christine ist gekommen und von Liechtenstein auch die Ida. Sie ist den ganzen Tag bei uns gewesen. Wir sind in den Garten gegangen und haben geschwätzt von mancherlei. Die Henriette soll bald niederkommen. Ich glaube, es wird mit einem Buben sein, denn sie befindet sich sehr wohl dabei. Die Ida geht in einigen Tagen wieder nach Liechtenstein zurück. Mir tut es sehr leid, denn wir wissen nicht, wann sie wiederkommt.

14. Juli
Wir hatten ein Diner bei der Fürstin Marie Esterhazy, von wo wir eine große Promenade gemacht haben. Das Haus in Hütteldorf ist recht hübsch. Der Garten, obwohl nicht groß, ist doch soigniert, und der Weg von da zurück ist charmant. Antoinette und ich sind allein in einem Wagen gefahren. Sie hat mir unter uns gesagt, daß die Aglaia Batthany in Federigotti verliebt ist. Es ist wirklich närrisch, denn es liegt ihm gar nichts an ihr. Folglich sollte sie sich doch eine Raison machen. Die Athenaise hat wieder ihren lieben Henri. Ich gäbe was, daß jemand in mich verliebt wäre. Es muß sehr unterhaltend sein.

16. Juli
Wir – Papa, Antoinette und ich – gingen eine Promenade auf die Felder machen. Nachher war ein Konzert bei ihnen, wo die Mademoiselle Tosi sang, welche mir aber doch nicht sehr gefiel. Wir haben nach demselben noch ein wenig getanzt. Der Herzog von Braunschweig war da. Man findet ihn sehr schön. Mir kann er aber nicht gefallen. Er tanzt recht gut und sieht auch soweit ziemlich aimable aus. Mir ist aber der Don Miguel viel lieber. Ich habe schon sein Gesicht lieber und finde, er hat auch mehr Verstand und Lebhaftigkeit.

20. Juli
Ich erinnere mich nicht, mich so gut wie heute unterhalten zu haben. Wir waren in unserem Gesell-

schaftswagen, wo wir nach Carlsburg zu dem roten Stübl fuhren. Die Gegend ist göttlich. Man könnte sich in Ischl glauben, denn es gibt hohe Berge ringsum. Wir waren ziemlich viele Leute, L. Fontana, Sepi, Felix Schwarzenberg, Neumann. Ich bin neben dem Felix gesessen. Er ist recht unterhaltend. Wir haben die ganze Zeit gelacht, und das Diner in freier Luft, wo eine Menge Menschen um uns Kaffee trinken kamen, war äußerst angenehm. Wir setzten dann unseren Spaziergang weiter fort. Wir machten große Dummheiten mit der Frau v. Leykam. Ich habe mich mit Felix Schwarzenberg wieder versöhnt und finde, daß er recht angenehm ist. Die Mlle. Fontana schreit mir ein wenig zuviel, und ich kann sie weder so hübsch noch angenehm finden, wie man es sagte. Der Sepi macht sehr einer Batthany die Cour, ich weiß aber nicht welcher, denn ich habe ihn noch nicht mit ihnen gesehen. Ich glaube aber, es ist die Aurora, denn die anderen sind schon alle besetzt, und die Isa ist zu garstig.

22. Juli
Wir hatten heute die Antoinette bei Tische, und nach demselben gingen wir in die Brigittenau, wo der Kirchtag war. Es waren eine Menge Menschen. Ich habe aber diese gewissen Späße nicht sehr gern. Die Henriette ist mit einem kleinen Buben niedergekommen. Ich habe mich sehr gut bei der Soiree unterhalten, und der Herzog von Braunschweig machte uns recht lachen, und er machte ganz meine

Conquête. Er hat ein schönes und etwas zerstörtes Gesicht, welches ich ganz gern habe.

27. Juli
Heute bin ich vom Erzbischof mit der Christine in der Kapelle gefirmt worden. Acht Geistliche standen dabei. Gräfin Fuchs und Madame Marchal waren gegenwärtig. Tardiveau war unser Pate und hat mir einen goldenen Ring geschenkt. Ich habe dann bei der englischen Botschafterin essen müssen, und die Miß war überaus aimable mit mir. Ich habe sie gar nicht erkannt, und sie hat mich sogar einmal gebeten, zu ihr in der Früh zu kommen.

2. August
Wir sind alle beim Einpacken, um morgen nach Königswarth abzureisen. Wir haben noch eine Menge Visiten gemacht, bei der Fürstin Nani Liechtenstein und bei der kleinen Marie, welche immer noch so herzig wie früher ist. Sie ist aber garstiger geworden. Die Ida ist zu mir gekommen, und sie hat bei uns gefrühstückt. Vorher war sie böse auf mich, weil ich gestern abend nicht bei ihr war und anstatt dessen in den »Barbier von Sevilla« gegangen bin. Ich freue mich recht, aufs Land zu gehen.

5. August – Königswarth
Wir kamen um zwölf Uhr nachts nach einer Reise von drei Tagen hier an. Ich erinnere mich nicht, so müde gewesen zu sein. Die Wagen waren alle sehr

schlecht, und wir glaubten alle Augenblicke umzuwerfen. Das Schloß ist abscheulich von außen, aber von innen ist es sehr hübsch, und wir wohnen in heimlichen, hübschen Zimmern. Das Klima ist aber sehr unangenehm, und wir leiden ordentlich an der Kälte. Der Victor soll morgen ankommen. Ich freue mich sehr, ihn wiederzusehen. Wenn er nur länger bliebe!

6. August
Victor kam heute glücklich hier an, und nachdem wir ihn lange erwarteten, kam er, ohne daß wir es nur vermuteten. Er ist ein wenig mager geworden, und ich glaube, es ist aus lauter Verliebtsein. Wir machten einen Spaziergang nach dem Essen, es war aber so kalt und garstig, daß wir nicht lange bleiben konnten. Ich glaube, Victor wird sich hier sehr mit uns ganz allein ennuyieren, denn ich habe keinen Begriff, was man machen kann.
Er brachte uns hübsche Sachen mit. Unter anderem Ketten, ein Bracelet und Ohrringe von einem neuen Material, welches gerade wie Gold aussieht. Dann gab er uns noch Bänder, ein Spiel und Schokolade. Ich hoffe, Papa kommt bald, denn ich ennuyiere mich schon sehr hier ganz allein.

7. August
Wir waren heute und alle diese Tage sehr allein. Doch ist Papa endlich mit Sepi angekommen. Ich war sehr froh, denn der arme Victor hatte sehr

Königswarth

Langeweile, welches ich auch recht gut verstehe, denn ich selbst fand, daß es so ziemlich langweilig war. Wir machen jetzt alle Tage große Spaziergänge. Und was ich sehr gern habe, sind die Soupers, welche wir jetzt alle Tage haben. Es sollen wieder Leute herkommen. Ich hoffe, die Leykams kommen auch. Es unterhält mich immer, zu sehen, wie Antoinette mit dem Victor ist. Er ist noch sehr verliebt und sieht sehr schlecht aus. Er will nicht nach Wien kommen, was mir leid tut wegen der Großmama, die es wünscht.

14. August
Das Wetter ist jetzt immer so schlecht, daß man gar nicht ausgehen kann. Wir haben gestern eine Glasfabrikation gesehen, welche uns sehr interessiert. Es war der Fürst Windisch-Graetz für zwei Tage bei uns und der Adolf Schwarzenberg. Der Graf Görtz ist vor ein paar Tagen angekommen. Er scheint aber sehr unzufrieden zu sein und klagt über alles, was er hier findet. Die Stadions sind heute zum Essen gekommen. Der Rudolf hat sich die Haare schneiden lassen, daß er ganz geändert ist. Er sieht nicht mehr so gut wie früher aus. Ich spiele jetzt nachmittags mit Sepi »Volant«.

16. August
Wir gingen nach Marienbad, wo wir den Tag verweilten. Es ist eine der hübschesten Städte, die ich je gesehen habe, und die Badeanstalten sind charmant. Die Bäder müssen aber sehr unangenehm sein, besonders das Kotbad, welches grauslig nur zum Ansehen ist.
Wir kamen durch den Tiergarten nach Hause. Man arretierte in Marienbad einen Mann, der einen Dolch bei sich trug und dem Papa nachging. Zum Glück hat man ihn zeitig genug ertappt. Es ist jetzt recht angenehm hier, und ich unterhalte mich gut.

18. August
Sepi und ich sind heute brouilliert miteinander, weil er mich immer so ennuyiert, darauf wurde er böse.

Jetzt spricht er nicht mehr mit mir. Er war bei dem Souper sehr kalt und unfreundlich. Morgen reist er fort, und er hat mir gesagt, daß er nicht mehr herkommen wird, weil ich zu unfreundlich mit ihm bin. Mir würde es leid tun, denn er ist wirklich sehr gut, und ich bin sicher, daß er mich gern hat. Wenigstens sollte man es glauben. Mein armer Victor ist immer so melancholisch.

19. August
Es war in der Früh sehr schlechtes Wetter, und wir konnten nicht ausgehen. Alle Damen von Marienbad waren bei dem Essen. Sie waren sehr geputzt und sind alle äußerst höflich. Besonders die Mutter von der Fürstin Linar. Ich mußte die Honneurs machen, et bon gré mal gré mußte ich auf dem Kanapee sitzen und in einem Stück Konversation machen. Jetzt in diesem Augenblick fühle ich mehr als je, wie mir die Mama abgeht. Ich muß alle Avancen machen in meinem Alter, wo man noch nicht gut weiß, wie man sich mit allen Leuten betragen soll, und habe niemanden, den ich befragen könnte. Morgen reist der Papa nach Dresden und Töplitz ab, und wir bleiben zurück mit allen Herren der Staatskanzlei. Ich fürchte, wir werden während dieser Zeit sehr viel Langeweile haben. Wenn nur wenigstens die Gräfin Fuchs da wäre. Aber so werde ich mich wieder mit allen diesen Leuten abgeben müssen. Es ist wirklich schrecklich!

23. August
Wir machten gestern eine sehr hübsche Promenade auf das alte Schloß, von welchem man eine schöne Aussicht hat. Wir waren heute in Eger und Franzensbrunn, wo wir aßen. Die Stadt ist ganz freundlich. Sie ist von drei Alleen durchschnitten, und die Häuser sind alle so ziemlich komfortabel. Von Franzensbrunn gingen wir nach Eger, wo wir das alte Schloß von Wallenstein ansahen. Man sieht noch das Fenster, aus welchem die Rebellen gestürzt wurden, und die Kapelle, in welche sich die Tochter Tekla flüchtete. Wir waren dann bei dem Scharfrichter, welcher eine sehr merkwürdige Sammlung von einer Menge kleiner Gegenstände hat, besonders aber Münzen, von welchen die älteste bis Abraham zurückgeht. Im Zurückfahren war es so kalt, daß wir Mäntel umnehmen mußten. Murray hat mich wirklich geärgert, als er durchaus alle Schergen von Eger und Franzensbrunn von unserer Ankunft benachrichtigen ließ, welche sich dann alle auf seinem Weg befanden. Ich habe sie ihm auch geliefert, und er konnte sie allein unterhalten. Ich habe mich gar nicht darum gekümmert.

25. August
Endlich ist unsere Einsamkeit zu Ende. Papa ist heute angekommen mit Victor und Neumann. Ich bin sehr froh, denn alle die guten Herren sind mir nun so zuwider. Ich habe mich völlig satt an ihnen gesehen.

Wir aßen wie immer um fünf Uhr, um in der Früh ausgehen zu können. Wir waren gestern in Königswarth, wo wir eine Totenmesse für die Mama lesen ließen. Ich empfing einen Brief von der Ida und von Madame Marchal. Ida schrieb mir, daß es ihrem Bruder August schlecht sein soll von einer Lungenentzündung. Jetzt soll es ihm aber besser gehen.

6. September
Wir fuhren den Leykams entgegen, welche einige Tage mit uns zubringen wollen. Victor ist sehr verlegen mit Antoinette. Er spricht nie mit ihr und wird immer feuerrot, wenn sie ihn nur ansieht, welches mir zeigt, daß sie ihm nicht indifferent ist, denn sonst wäre er mit ihr wie mit allen anderen Leuten. Sie ist hübscher als je, und ich habe sie schon seit langem nicht so »en beauté« gesehen. Wir machen immer große Spaziergänge. Der Fürst Schönberg ist auf einmal wiedergekommen.
Der Mensch ist mir so zuwider, daß ich gar nichts dagegen tun kann. Ich bin aber sicher, daß er mich heiraten will, und ich könnte wetten, daß er mich begehren wird. Nie werde ich ihn aber annehmen.

16. September
Heute ist Victor wieder nach Paris zurück. Wir haben ihn bis über Sandau begleitet. Ich kann gar nicht sagen, wie es mir leid tut, daß er schon weg ist, und ich kann mich nicht darüber trösten. Die Leykams schienen ein Geheimnis mit ihm zu haben,

denn sie sprechen immer mit ihm geheim und allein, und die Antoinette sagte ihm: »Nie werde ich vergessen, was Sie für mich getan haben, mein lieber Victor, und mein Leben lang ...« Ich konnte nichts weiter hören. Sie sprachen dann sehr leise. Aber als der Victor von ihr Abschied nahm, so sagte er ihr noch: »Vergessen Sie nicht, was ich Ihnen gesagt habe.« Wenn sie ihm nur nicht wieder von ihrer Liebe zu ihm erzählt hat, und wenn er die Antoinette heiraten würde, so wäre ich ganz in Verzweiflung, denn die ganze Familie ist mir äußerst zuwider, und sie ist so fein und so sicher, ihn durch Vertrauen zu gewinnen.

So würde es mich gar nicht wundern, daß sie dahinkäme. Ich fahre mit Papa morgen nach Plass und dann wieder nach Wien. Ich möchte schon lieber dort sein und nicht mehr reisen. Mir tut es aber leid, Königswarth zu verlassen.

18. September – Plass

Papa und ich kamen hier gestern an, und der Weg war so schlecht, daß wir alle Augenblicke glaubten, wir müßten umwerfen. Ich wurde sehr durch die Schönburgischen Wälder überrascht, und ich wurde es noch mehr, als ich das Großkloster mit all seinen Gebäuden erblickte. Es gleicht einer ganzen Stadt, und die Zimmer sind alle sehr groß. Wir haben heute das alte Schloß angeschaut, mit sehr schönen Stiegen, auf welchen Springbrunnen sind.

Nachmittags gingen wir nach Maria-Teinitz, mit

Schloß Plass

einem alten Schloß und einer Kirche, die aber zerstört sind. Wir waren dann auch in einem kleinen Ort, wo man die Körper einer ganzen Familie Griesbeck aufbewahrt. Sie sind sonderbar zu sehen, und obgleich sie vor 300 Jahren gestorben sind, so sieht man doch die Haut und die Finger des Fleisches. Es sollen viele Räuberbanden in den Umgebungen sein, und man hat schon 400 gefangengenommen.

30. September – Wien
Wir kamen den 27. hier an nach einer beschwerlichen Reise, denn das Wetter war sehr schlecht, und der Regen drang von allen Seiten in den Wagen. Wien ist noch ganz leer. Wir gehen alle Tage ins

Theater, um uns zu zerstreuen. Wir haben unsere Lektionen noch nicht angefangen, und wir werden sie erst wieder am 1. Oktober nehmen. Die ersten Tage, als wir hier waren, haben wir eine Menge Visiten bekommen, aber jetzt sind sie schon alle aus. Es läuft noch immer ein Geheimnis herum, denn neulich war der Papa bei der Großmama und nahm uns nicht mit, weil er mit ihr zu reden hatte, was noch nie geschehen ist, und ich habe gar keinen Begriff, was in diesem Augenblick vorgeht. Wenn Victor die Antoinette heiraten soll, so sterbe ich am Tag der Hochzeit.

7. Oktober

Der Papa ließ uns heute morgen rufen und sagte uns, er hätte die Intention, die Antoinette zu heiraten. Ich war wie vom Blitz getroffen und wußte nicht, ob ich wirklich wach sei oder nicht. Der Papa heiraten, und nun die Antoinette, nein, das kann ich nicht erleben, das wäre zu schrecklich, sagte ich vor einigen Zeiten. Jetzt muß ich es wohl ertragen. Ich ging mit dem Papa zu ihr hin, und sie kam dann auch zu uns zum Essen, und ich kann sie nicht genug loben, denn sie war so freundlich, und ich bin ganz überzeugt, daß sie uns recht liebhat. Allein ich möchte nur, daß man nicht mehr gar soviel in der Stadt davon redet und daß die Sache schon ein wenig vergessen wäre. Heute bin ich sehr traurig.

9. Oktober
Sophie will weggehen. Man sollte nicht glauben, daß eine Hochzeit vollzogen werden soll, denn alles weint um uns herum. Ich habe heute die Antoinette zu der Großmama geführt, welche sie gut empfangen hat, was übrigens auch gut für sie war. Sie haben bei uns gespeist, und ich habe aufrichtig mit der Antoinette gesprochen über ihre ganze Haltung in der Welt, und ich hoffe, es wird gutgehen, denn sie ist eine liebe Närrin. Die Flora soll sehr wider sie sein, welches aber mehr ihr als allen anderen schadet. Meine lieben Liechtensteins waren wieder besser als je für mich, und ich habe heute einen Brief von der Ida bekommen, wo sie wirklich excellent für mich ist und solchen Anteil an mir nimmt, daß es wirklich wohl im Herzen tut. Nein, das kann ich sagen, daß das größte Glück auf Erden für mich wäre, in diese Familie zu kommen, dann hätte ich nichts mehr zu wünschen.

13. Oktober
Die Leykams kommen nun alle Tage zu uns zum Speisen und auch des Abends, seitdem der Papa Augenweh hat. Ich habe neulich auch die Antoinette zu Tante Pauline geführt, welche sie sehr angenehm fand und mit ihr zufrieden war. Der Pepi Esterhazy hat sich aber in dieser Gelegenheit sehr schlecht betragen, und ich kann gar nicht sagen, wie ich mich über ihn geärgert habe. Der Papa hatte auch eine große Konversation mit der Sophie, welche durch-

aus weggehen wollte, jetzt aber doch zu bleiben entschlossen ist, worüber wir recht froh sind, denn es würde uns sehr leid getan haben, sie zu verlieren. Antoinette scheint nicht so sehr verlegen zu sein, die Honneurs zu machen, aber was ich unglaublich finde, das ist, daß der Victor bestimmt ihr die Cour machte und sie ihn auch gerne hatte. Daran zweifle ich nicht, und nun wird sie seine Stiefmutter. Das gibt am Ende noch einen *»Don Carlos«*, und ich freue mich schon auf einige touchante Szenen. Sie nimmt den Namen von Gräfin von Beilstein an, und die Eltern gehen nach Italien.

Die Stadt schreit sehr über den Namen von Beilstein, weil man findet, man habe die Eltern zuviel erniedrigt, welches wohl auch möglich ist, da es aber der Kaiser wollte, so findet man gar nichts darüber zu sagen.

28. Oktober

Wir waren jetzt lange in großer Angst, weil uns der Victor schrieb, er wäre sehr krank von einem kalten Fieber, und er blieb dann acht Tage, ohne uns zu schreiben. Gestern habe ich aber doch einen Brief bekommen, wo er mir sagt, daß er wieder wohl ist. In dieser Gelegenheit habe ich die Macht der Heiligen Jungfrau recht merklich empfunden, denn ich habe alle Abende drei Vaterunser und drei englische Grüße gebetet, und so oft ich es tat, so fühlte ich mich leichter, und wie eine Stimme, welche in mir ruft: »Er wird euch bleiben«! Dann hatte ich eine

Antoinette

solche innerliche Freude, daß ich aus meinem Bett hätte springen können. Die Heirat ist wieder um acht Tage verschoben, weil die Tante einen Rotlauf im Gesicht hat. Ich glaube, es könnte nicht mehr zustande kommen.
Ich habe gestern einen Brief von der Ida bekommen, wo sie mir schreibt, daß sie sich köstlich in Felsburg unterhält und daß der Sandor ihr die Cour macht. Ich finde das sehr unterhaltend, und ich möchte sehr gerne, daß er sie ihr den Winter fort macht, denn ich möchte gerne sehen, wie sie sich daraus zieht. Es muß sehr embarassant sein. Der Villa-Real, vormals Susa, ist hier. Er war in seiner Jugend in die Mama verliebt.

3. November
Die Hochzeit soll am 5. sein, und ich hoffe, es wird nicht mehr geändert, obgleich die arme Teresina seit einigen Tagen im Bett ist. Die Zimmer sind recht hübsch gerichtet. Sie bestehen aus einem Schlafzimmer, welches grau mit Mousseline austapeziert ist, und dem Salon, welcher blieb wie vormals.
Ich war im Burgtheater, wo ein neues Stück für den Namenstag der Kaiserin, welches sehr applaudiert wurde, gegeben worden ist. Korn und Müller spielten in der größten Perfektion, und obwohl das Stück nicht viel heißt, so fand ich es doch recht unterhaltend.
Der Vormund, der ein Malteserritter ist, wird von seinem Mündel geliebt, welches ihm endlich ihre

Leidenschaft entdeckt, und nachdem er durch die Erbschaft eines großen Vermögens seiner Gelübde freigesprochen wurde, heiratet er sie dann. Ich bin aber so exaltiert, daß das Geringste, welches auf mich Eindruck macht, mir sogleich Gelegenheit zum Trauern gibt.

5. November
Heute war die Hochzeit von Papa. Es waren recht viele Leute in Hatzendorf. Aber eine so fürchterliche Kälte, daß wir alle darüber konsterniert wurden. Die Antoinette war recht hübsch und besonders hübsch angezogen. Sie hatte ein Tulle-anglais-Kleid, welches sehr schön war und ebenso ein schöner Voile. Die Zeremonie wurde durch den Weihbischof verrichtet, und nach einer Anrede, welche zum Glück kurz, aber sehr schlecht gesprochen wurde, ging man zum Speisen, wo ein großes Diner von zwei Stunden folgte. Wir gingen dann nach Hause und führten die Antoinette in ihre Wohnung, die so hübsch eingerichtet ist. Die Antoinette ist aber immer dieselbe, und ich habe niemanden gesehen, der sich so wenig über alles wundert und es so natürlich findet wie sie. Sie wundert sich über nichts, findet alles ganz natürlich und als ob sie es nie anders gesehen. Der Augenblick der Hochzeit war für mich sehr beschwerlich, aber da sind mir die Worte Victors eingefallen, der in einem Brief sagte: »Erinnere dich an unsere Mutter! Sicher würde sie uns raten, vor allem an das Glück von Papa zu denken. Folgen

wir also diesem Rat und tragen wir bei, soweit es in unserer Macht steht, seine Tage zu beglücken. Vergessen wir, was alles mit dieser Heirat für uns unangenehm ist. Denken wir, daß er darin sein Glück sucht, und in diesem Gedanken werden wir das unsrige auch finden.«

Nie werde ich diese himmlischen Worte vergessen, und wenn ich mich traurig fühle, so denke ich daran, und meine Schmerzen werden sich in heiteres Gemüt verwandeln.

18. November

Wir führen ein recht angenehmes Leben. Alle Abende gehe ich in den Salon oder ins Theater. Die Ida ist auch vom Lande angekommen, und ich habe sie gleich gesehen, als sie kam, und ich habe mich sehr gefreut, denn wir hatten uns eine Menge zu sagen.

21. November

Heute war ein großes Diner zum Abschied des Don Miguel, und die Antoinette soll die Honneurs sehr gut gemacht haben. Ich war nicht dabei, weil keine Comtessen da waren. Vergangenen Sonntag ist eine unangenehme Geschichte geschehen: Lord und Lady Stanhope kamen plötzlich zum Essen, ohne daß Papa sich erinnerte, daß er sie eingeladen hatte. Sie waren sehr verlegen, als sie hörten, daß man sie nicht erwartet hatte, und wir glaubten alle Augenblicke, daß Mylady ohnmächtig zu unseren Füßen

fallen würde. Endlich erholte sie sich doch und wurde selbst ganz lustig. Die Antoinette war noch dazu im Bett, weil sie einen Schnupfen hatte. Sie soll sehr gut die Honneurs gemacht haben, und alle Leute waren enchantiert von ihr.
Ich kann nicht genug sagen, wie gern ich sie habe. Wenn ich sehe, daß sie sich alle Mühe gibt, meiner ganzen Familie angenehm zu begegnen, ist das alles, was ich verlange.

11. Dezember
Wir hätten heute ein recht großes Unglück haben können. Zum Glück ist aber noch alles zum besten ausgefallen. Es war heute gerade ein großes Diner, als man plötzlich den Papa rufen ließ und ihm sagte, daß das Feuer am Hause sei und es schon ein Loch in den Plafond von dem Salon der Antoinette gebrannt hätte. Papa sagte doch niemand etwas, und erst nach Tische erfuhren wir, was geschehen ist. Der ganze Salon ist ruiniert, und nun muß man wieder alles neu machen lassen.
Die Sophie und Florentine haben sich wirklich als Heldinnen betragen, und sie allein haben alles gerettet, welches sehr schwer war, weil ihnen nur wenig Leute helfen konnten, da der größte Teil bei dem Servieren war.
Wir müssen uns jetzt immer im Billardzimmer aufhalten, weil die anderen alle voll Möbel sind. Das Feuer brach in der oberen Kanzlei aus, und es brannte anderthalb Stunden, ohne daß man den ei-

gentlichen Ort entdecken konnte. Die Maschinisten haben gesagt, daß es wenigstens schon seit 24 Stunden gebrannt haben muß.

15. Dezember

Der Herzog von Braunschweig ist wieder hier. Er kommt alle Abende zu uns, und ich kenne niemand, der so kurios ist wie er. Ohne mir gerade zu gefallen, denn ich finde ihn sehr affektiert, unterhält er mich doch.

Die Antoinette gefällt ihm sehr. Das habe ich ihm schon angesehen, denn er schaut sie hin und wieder ganz verliebt an.

18. Dezember

Es war heute ein großes Fest bei Tatitcheff für den Namenstag des Kaisers Nikolaus. Man gab Tableaux, welche alle sehr hübsch waren. Besonders das zweite, das einen russischen Tanz darstellte, mit der Gräfin Apraxine. Die Isa Lubomirska war sehr hübsch, und ich fand sie am besten construiert unter allen. Sie will einen dieser Tage abends zu mir kommen, welches mich embarassiert. Bei dem Souper war der Spencer die ganze Zeit hinter meinem Stuhl. Ich habe ihm versprochen, den zweiten Deutschen mit ihm zu tanzen, und glaube, es war dumm von mir.

24. Dezember
Wir empfingen heute unser Weihnachten, und ich kann nicht genug sagen, wie ich die Antoinette herzig darin fand. Sie hat sich alle Mühe gegeben, um alles, was wir wünschen können, zu geben. Ich erhielt ein sehr hübsches Kleid aus Gaze für den Neujahrstag, einen Hut in Plüsch, Blumengirlanden und eine Pelzpelerine. Die Teresina hatte auch ihre Präsente bei uns erhalten. Der Herzog von B. soll so traurig sein, daß er im Begriff ist, sich totzuschießen.

2. Januar 1828
Den ganzen Tag war mir nicht sehr gut, und endlich wurde deklariert, daß ich die Gelbsucht habe.

11. Januar
Ich befinde mich jetzt schon besser und bin viel weniger gelb. Nur tut es mir sehr leid, daß es gerade jetzt in den Fasching fällt und ich so eine Menge Bälle verliere. Ich darf aber doch abends ausgehen und werde jetzt viel ins Theater gehen.
Heute abend war die Ida bei mir ganz allein.

12. Januar
Im Burgtheater gab man ein neues, sehr langweiliges Stück von der Madame Weissenthurm, genannt die »Reise nach Paris«. Ich erhielt gestern einen Brief von Victor, wo er mir schrieb, ich möchte mir doch alle Mühe geben, um vom Papa zu erfahren,

welchen Posten er bekommen soll. Er hatte eine recht unangenehme Geschichte mit der Marquise. Sie hat nun ein Kind mit ihm, und der Papa ist sehr böse mit ihm, wie natürlich. Ich habe aber noch nicht recht alles erfahren können. Es soll aber ein ganzer Roman sein.
Ich befinde mich jetzt wieder ganz gut. Bin aber doch noch ein wenig gelb. Das Régime, welches ich halten muß, wird mich nicht fetter machen. Ich darf gar kein Fleisch essen, nichts als Gemüse. Unser Ménage mit der Antoinette geht recht gut. Wir convenieren uns gegenseitig sehr, und ich kann nicht genug sagen, wie gut sie für mich ist. Mit der Tardiveau habe ich oft Streitigkeiten, weil sie nicht gern sieht, daß ich mehr mit der Antoinette bin als mit ihr, und sie brummt immer, wenn ich zu lange im Salon bleibe.

15. Januar
Heute war das große Konzert bei uns. Wir hatten schon alle diese Tage Proben gehabt. Die Vorstellung selbst ist aber nicht gut ausgefallen. Schönstein sang wie ein Engel, und als Othello war er sehr schön. Benati entzückte alle Leute durch sein Gefühl, und seine schönen schwarzen Augen haben einen ordentlichen Kummer im ganzen Saal gemacht. Die Hitze war aber so groß, daß es kaum zu bestehen war. Es war aber unterhaltend, und die Charlotte hat mich sehr lachen gemacht. Sie hat jetzt eine wahre Leidenschaft zu mir. Wir gehen

immer miteinander ins Theater. Es war wirklich charmant, und es war hinlänglich kaum genug, um alle Leute zu setzen.

27. Januar
Leider habe ich heute einen sehr starken Schnupfen, welcher mir für den Ball sehr unangenehm ist. Obgleich ich nicht alles tanzte, um mich nicht so zu ermüden, habe ich doch drei Walzer, eine Quadrille und Cotillon getanzt. Den ersten mit Hügel, den zweiten mit Rudolph Stadion, den dritten mit dem Prinzen von Schweden, den vierten mit Buol und den fünften mit F. Stadion. Cotillon mit Clemens Hügel und Quadrille mit Wellesley.
Meine Toilette war sehr hübsch, allein war ich so verschnupft, daß ich recht garstig aussah. Der Buol gefällt mir wirklich gut, und ich finde, er macht mir ordentlich ein wenig die Cour, weil er während des ganzen Balls oft zu mir kam, um mit mir zu reden. Die Isa Lubomirska und die Charlotte sind jetzt immer die beiden, mit welchen ich gehe. Ich habe sie sehr gern, und ich finde, die Miß kann recht angenehm sein, wenn sie nur will. Ich habe heute zum ersten Mal wieder angefangen Fleisch zu essen, und es war für mich ein wahres Régal.

19. Februar
Heute habe ich noch meinen Fasching mit dem Ball von Tatitcheff begraben. Ich habe mich sehr gut unterhalten und alles getanzt. Nur am Ende wurde mir

übel und ich habe sogar gebrochen. Ich bin die ganze Zeit mit der Isa Lubomirska und mit der Charlotte herumgegangen und habe auch zum ersten Mal mit dem Sandor getanzt, der ein sehr guter Tänzer ist. Ich hatte ein weißes Kleid und blaue und rosafarbene Blumen in den Haaren, welches sehr hübsch war. Man redet im Augenblick nur von der Geschichte zwischen Victor und der Marquise. Es ist wirklich lächerlich.
Antoinette und ich lesen jetzt »Mathilde«. Es ist eine der hübschesten Sachen, die man sich denken kann, und wir schlucken es auch nur herunter.

13. März
Ich war jetzt wieder acht Tage krank an meinem Rheumatismus und einem entzündlichen Fieber. Jetzt ist mir aber wieder gut. Ich führe das eintönigste Leben, das man sich denken kann. Ich bleibe alle Abende zu Hause und sehe gar niemand, weil alle Liechtensteins jetzt den Scharlach haben und wir nicht einmal die unschuldigen Soireen haben.

3. April
Wir haben die ganze Gesellschaft zum Kurländer eingeladen, wo Sagany spielte. Ich weiß nicht, ob mir der Buol die Cour macht oder nicht. Was gewiß ist, daß er nur mit mir spricht, und sooft er bei mir ist, so setzt er sich immer neben mich. Ich empfinde aber für ihn nur das Gefühl, das man für alle witzi-

gen Menschen hat. Man spricht lieber mit ihnen als mit Leuten, die nur Gemeinplätze sagen.
Mich würde es aber unterhalten, wenn er mir die Cour machen würde, und ich gestehe, daß ich mir Mühe gebe, um recht aimable mit ihm zu sein, und ich fühle ordentlich, daß ich mit ihm sehr amüsant werde. Ich habe auch den berühmten Clanwilliam gesehen. Ich finde ihn sehr schön, aber so imposant, daß ich kaum den Mut habe, mit ihm zu sprechen. Seine Züge sind wirklich wunderschön, und es liegt etwas so Besonderes darin, daß man ihn nie vergessen kann.
Es tut mir leid, nicht gut zeichnen zu können. Ich würde gewiß sein Porträt machen. Ich sehe die Ida fast alle Tage, und ich habe sie nie so angenehm gefunden wie jetzt.

4. April
Abends kam Buol zu uns, und ich kann nicht begreifen, warum es mir eine solche Wirkung machte, als er eintrat. Ich bin doch gar nicht verliebt in ihn. Aber ich kann ihn nicht sehen, ohne von allen Farben zu werden, und es scheint mir immer, als sähen mich alle Leute in dem Augenblick an. Ich habe mir den ganzen Tag gedacht, wenn er heute abend kommt, so ist es ein Zeichen, daß er mir wirklich die Cour macht oder wenigstens sie mir machen wird. Jetzt will ich noch als letzten Beweis nehmen, ob er mit mir bei Potocki sprechen wird; wenn dieses geschieht, habe ich keinen Zweifel mehr.

13. April
Dieses war einer der glücklichsten Tage meines Lebens. Ich habe mich, ich glaube, noch nie so gut unterhalten. In der Früh war ich bei dem Konzert von dem Paganini, der wirklich in einer solchen Perfektion spielt, daß es nicht möglich ist, etwas Schöneres zu hören.

20. April
Ich habe jetzt beinah alle Tage getanzt. Bei Caraman war ein ziemlich hübscher Ball, und heute ist einer bei de Bray. Buol soll einen dieser Tage weggehen. Es tut mir wirklich sehr leid, denn er ist einer der Menschen, die ich am angenehmsten finde, und

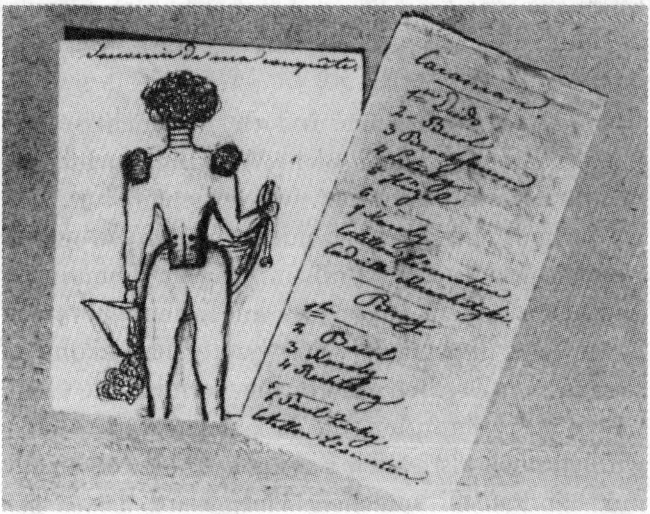

Zeichnung von Léontine

ich wäre zu glücklich, mein ganzes Leben mit ihm zuzubringen.
Gestern abend war er bei mir, und er war aimabler als je. Ich muß wirklich recht achtgeben, nicht verliebt zu werden, denn ich bin unruhig, wenn ich ihn nicht sehe, und wenn er da ist, bin ich glücklich. Wie gern möchte ich, daß er dieses lesen könnte. Er würde mich dann vielleicht auch lieber haben, denn niemand wird je erfahren, was ich für ihn fühle. Weder er noch die Ida, und es tut mir wohl, es wenigstens schreiben zu können, weil es mich sonst wirklich bedrückt.

22. Juni – Watersdorf
Wir sind hier etabliert. Alle Tage macht man eine große Promenade, und wir waren schon mehrmals in Baden, wo ich jede Stelle erkenne, an welcher ich in meiner Jugend mich aufgehalten habe. Wir führen ein recht angenehmes Leben. Wir sind viel im Garten, wenn es schön ist. Aber jetzt seit zwei Tagen sind wir im Zimmer festgehalten. Ich sah einige Male die Buols, und ich meine, die Familie möchte, daß ich den Sohn heiraten sollte, denn sie machen mir allerlei Avancen. Ihn hätte ich ganz gern als Mann, aber die ganze Casa ist mir unangenehm.
Ich erhielt sehr hübsche Sachen zu meinem Namenstag. Unter anderem das Porträt des Papas von der Antoinette, welches mich unbeschreiblich freute, denn es ist eines der Sachen, die ich mir am meisten gewünscht hatte.

Ich glaube immer, daß die Antoinette schwanger ist, und ich müßte mich sehr irren, wenn es nicht wäre. Sie darf beinahe gar nicht mehr gehen, schnürt sich fast nicht mehr ein und beklagt sich immer über Übelkeit. Mir würde es sehr leid tun, denn das Kind hätte eine unangenehme Stellung in der Welt, wegen solcher Großeltern.

2. Juli
Ich war heute in der Brühl bei der Ida. Es waren ziemlich viele Leute dort, und da die Familie so groß ist, so machte es gleich einen ganz vollen Salon. Ich finde sie immer die beneidenswerteste Familie, die ich kenne. Sie sind alle so einig und sehen so glücklich aus. Die Antoinette ist nun bestimmt schwanger. Mir ist es unangenehm, weil ich wieder niemanden habe, um mich auf die Bälle zu führen. Da muß ich mich um einen Chaperon umsehen.

5. Juli
Es kommen alle Tage sehr viele Leute von der Stadt zu uns. Die Tatitcheffs samt Suite sind heute zum Essen gekommen. Man behauptet, daß der Pepi der Apraxine die Cour macht. Ich finde es aber nicht und bin überzeugt, daß sie ihn eigentlich ennuyiert. Gestern war die englische Botschafterin samt Charlotte, die ich sehr gerne habe, zu Besuch. Ich habe ihr sogar versprochen, ihr zu antworten, falls sie schreiben sollte.
Ich ärgere mich oft über mich selbst, hin und wieder

Equipage des englischen Botschafters

immer noch an Buol denken zu müssen. Ich war ja gar nicht überzeugt, ob er mir auch nur die Cour je gemacht hat. Ich habe ihn aber doch gern gehabt, das muß ich mir selbst gestehen. Ich möchte so gern wissen, wann ich ihn wiedersehen werde. Ich habe aber nicht den Mut zu fragen, wann er wieder nach Wien kommt. Alle Tage merkte ich mehr, daß ich recht verliebt war.
Wir erwarten den Victor den 1. August.

13. Juli
Ich habe heute einen Brief von der Miß Charlotte erhalten, welcher mich sehr freute. Es scheint, sie hat mich doch so ziemlich gern, weil sie mir solche Avancen macht. Ich habe sie auch sehr lieb.
Der arme Graf Kesselstadt ist heute gestorben. Das ist doch traurig, denn sie waren alle beide so glücklich mitsammen, und er soll in den letzten Augen-

blicken fürchterlich gelitten haben. Die Fürstin Rasumofsky, welche nach Ischl gereist ist, um nur ein wenig Luft zu ändern, wird alle Tage närrischer, und man hat uns aus Wien geschrieben, daß man wohl gezwungen sein wird, sie zu dem Nervendoktor zu bringen. Das ist doch ein großes Unglück für ihren Mann.
Wir sind gestern lange im Helenental herumgegangen, ohne auch nur einer bekannten Seele zu begegnen. Ich habe aber noch immer ein großes faible für Baden, denn ich war so lange Zeit und so glücklich hier, daß es mir noch immer einen angenehmen Eindruck zurückläßt.

14. Juli
Heute hätte die Antoinette beinahe ein fausse couche gemacht. Sie hat wieder ein wenig ihre Regel bekommen. Aber ich glaube, es wird bald wieder gut werden, denn sie leidet bis jetzt gar nicht mehr. Die ganze Schwangerschaft ennuyiert mich eigentlich, denn ich finde, es ist eine wahre Belastung, noch ein kleines Kind ins Haus zu bekommen.

1. August
Victor ist heute bei uns angekommen. Er sieht recht wohl aus, und nach beinahe einem Jahr, daß wir ihn nicht gesehen haben, hat es uns sehr gefreut, und das Haus wird immer viel belebter, sobald er nur da ist. Er ist auch bis jetzt von sehr gutem Humor. Ich hoffe, es wird so bleiben, obgleich ich fürchte, daß er

sich hier doch ennuyieren wird. Er hat von allen seinen Geschichten mit der Antoinette gesprochen, und es scheint, er ist recht entschlossen, seine Marquise nie zu verlassen, denn er findet, sie habe ihm so viel aufgeopfert, daß er es ihr nur durch eine ewige Treue vergelten könnte. Auch liebt er zu sehr den kleinen Roger, um nur daran zu denken.

Ich bin neugierig, ob das auch immer so fortdauern wird.

Für uns ist es ein großes Unglück, denn für uns ist er verloren.

11. August

Die Buols haben heute bei uns gegessen. Die Mimi ist wirklich sehr amüsant. Ich habe auch sehr beim Essen mit ihr gelacht. Sie hat mir gesagt, daß ihr Bruder jetzt sehr in eine kleine Engländerin verliebt ist. Es könnte mich wirklich ärgern, wenn ich dieses höre, denn es hätte mich so gefreut, daß er mich auch nur ein wenig gern hätte. Wenigstens begehren hätte er mich sollen.

Wir führen ein eintöniges Leben fort. Freitag war ein Ball im Ort. Einige haben sogar gut getanzt. Besonders die Schwester von der Verwalterin, die noch dazu eine hübsche Person ist.

Der Victor ist noch bis jetzt von dem brillantesten Humor; wenn es nur so bleibt!

19. August

Wir führen immer ein recht ruhiges Leben, und ich kann nicht sagen, daß ich Langeweile hätte.

Der Victor hat sich gestern einen großen Stockzahn ausreißen lassen. Ich habe das Porträt von seinem Kleinen gesehen. Es ist ein recht schönes, starkes Kind. Ich begreife, daß der Victor ihn rasend liebt; ich gäbe etwas, um ihn zu sehen.

Ich habe neulich mit dem Brockhausen ein wenig kokettiert, und er hat angefangen anzubeißen. Eigentlich ennuyiert er mich. Mich würde es aber unterhalten, daß jemand mir die Cour macht. Ich habe aber nicht das Glück, daß es mir geschieht.

28. August

Papa ist mit Victor auf einige Tage auf seine Güter nach Mähren gegangen. Ich hoffe, sie bleiben aber nicht lange aus, denn jetzt ist die geliebte Familie Leykam bei uns, und das ist für mich eine wahre Prüfungszeit, denn ich fühle mich so unheimlich mit der Mutter, obgleich ich überzeugt bin, daß sie eine recht gute Person ist.

Die Kurfürstin von Bayern hat heute bei uns gegessen. Sie war jetzt auf ihrer Durchreise von Wien zu ihrem Gut im Salzburgischen. Sie ist eine sehr sonderbare Frau und in ihrem Äußerlichen ein wenig wie die Fürstin Jablo, und die Stimme wie die Flora, nur um einen Ton tiefer. Sie scheint sehr viel Verstand zu haben. Nur ist sie sehr schmuddelig, wie auch ihre Hofdame.

9. September

Heute wurde das Feldlager aufgeschlagen. Glücklicherweise wurde es plötzlich schön, denn einige Zeit war es recht schlechtes Wetter. Wir sind in der Früh zum Lager gegangen, um die Truppen einziehen zu sehen, welche einen schönen Anblick geboten haben, besonders die Kavallerie.

Das Zelt vom Prinzen von Schweden ist sehr schön und sehr groß. Es enthält ein Schlafzimmer und ein Speisezimmer, und das alles recht komfortabel.

Lady Cowley ist mit Charlotte zum Diner gekommen, und sie haben Lady Salisbury, die Schwägerin des Botschafters, vorgestellt. Sie ist eine ganz aimable Person und gut aussehend.

Man sagt, sie sehe der Antoinette ähnlich, aber ich habe nichts davon festgestellt.

10. September

Die O'Donnells kamen zu uns zu Besuch, und wir sind mit ihnen zum Lager gegangen. Wir haben den Augenblick gut gewählt, denn als wir ankamen, machte der Herzog von Reichstadt einen Rundgang. Er hat reizend ausgesehen (une mine charmante), und grüßte alle mit so viel Aplomb, daß es Freude machte, ihn zu sehen. Er war gar nicht verlegen. Einer der Generäle ließ die Musik für uns spielen. Tatischeff bleibt einige Tage bei uns. Ich bin sehr ennuyiert, denn es ist mir unangenehm, einen Fremden in der Familie zu haben.

12. September
Ich bin zu einem Hofball gegangen. Es wurde viel getanzt, und die Hitze war nicht zu groß. Ich habe mich bei meiner Tante zurechtgemacht, da Antoinette nicht mitkommen konnte, weil sie unpäßlich war.
Ich hatte ein Kleid aus Tüll und rosa und blaue Schleifen in den Haaren, und wurde von Fürstin Fürstenberg geführt.
Ich habe mit allen Prinzen getanzt. Zuerst mit dem Prinzen von Schweden, der, nachdem er einen Walzer mit mir getanzt hatte, mich sofort für den Cotillon engagierte, was diese Damen sehr amüsierte. Dann bekam ich den Herzog von Reichstadt, der leider alle Illusionen, die ich für ihn hatte, zerstörte. Er ist nicht unterhaltend und wenig aimable, aber zu guter Letzt bekam ich den Prinzen Wilhelm von Preußen, der wirklich ein »Prince Charmant« ist. Er ist vollendet liebenswürdig, und ich habe lange mit ihm diskutiert. Ich habe sogar gehört, daß ich seine Eroberung gemacht habe, und ich freue mich, ihn nächsten Sonntag wiederzusehen.
Diese Damen sind recht ungeniert mit allen jungen Männern. Ich möchte fast sagen, daß es empörend ist.

20. September
Heute war ein großes Kavallerie-Manöver. Der Anblick war recht imposant. Ich war mit meiner Tante dort. Das Lager ist Dienstag beendet, was ich sehr

Herzog von Reichstadt

bedauere, denn es war überaus amüsant, obgleich die Truppen ihre Zelte wegen der Kälte verlassen hatten. Der Herzog von Reichstadt kam uns besuchen: Er hat den Mund nicht aufgemacht.

5. Oktober – Wien
Es ist vieles passiert, seitdem ich in meinem Tagebuch geschrieben habe. Ich habe in Baden einige Male bei Hof getanzt, sowie auch seitdem wir in die Stadt zurückgekommen sind. Einmal bei Hof und einmal bei Tatitcheff, und das bis fünf Uhr in der Früh, obgleich es höchstens 20 Paare waren, aber wir haben uns recht gut unterhalten. Alle sagen, daß Prinz Wilhelm von Preußen mir die Cour macht; er ist in der Tat sehr aimable mit mir und sagt mir eine Schmeichelei nach der anderen.
Er hat sogar auf meinem Fächer den Tag und den Monat, wo ich mit ihm den Cotillon getanzt habe, aufgeschrieben. Ich finde, er hat ein schönes Gesicht und vor allem eine elegante Gestalt, aber da er ein Mann ist, der schon große Eroberungen in seinem Leben gemacht, verbleibt ihm davon eine gewisse Süffisanz, so daß, wenn er mit einem spricht, er ausschaut, als ob er der neuen Eroberung ganz sicher wäre, was mich sehr abkühlt. Aber er ist besonders liebenswürdig und hat gar nichts Höfisches. Wenn man ihn besser kennt, kann man ganz vergessen, daß er ein königlicher Prinz ist. Adèle O'Donnell ist überzeugt, daß er in sie verliebt ist, obgleich sie es nicht convenieren will. Aber ich sehe es ihr

genau an, daß sie ihn sich nur fester attachieren will. Er verläßt Wien am 8. dieses Monats.

8. Oktober

Wir hatten einen großen Ball bei uns, der zu der allgemeinen Verwunderung bis vier Uhr in der Früh dauerte. Obgleich wir nur zu 20 Paaren waren und folglich alle Stücke tanzen mußten. Mein Prinz war reizender denn je. Er macht mir wirklich die Cour, aber ich habe ihn lieber, wenn er sich einfach unterhält, ohne eine »fadaise« nach der anderen zu sagen. Die Adèle O'Donnell ist mir recht nützlich bei der Gelegenheit. Sie vermeidet mir viel Verlegenheit.

Nachdem ich einige Male mit Henry Wellesley tanzte, sagte er mir: »Ich habe nie gezweifelt, daß Sie ganz zu dem englischen penchieren.« Ich habe ihm erwidert: »Ich kann E. K. H. versichern, daß ich zu gar nichts geneigt bin.«

Er ist heute noch zu uns gekommen um Abschied zu nehmen, und war sehr aimable, und das in einer Art, die ich sehr gern habe. Als er wegging, sagte er mir: »Ich bitte Sie, machen Sie einen Knopf ins Schnupftuch, damit Sie mich nicht ganz vergessen.« Ich werde ihn nie vergessen, und alle Augenblicke, die ich mit ihm verbrachte, werden mir immer in guter Erinnerung bleiben. Er wird mir wahrscheinlich nicht wieder die Cour machen, aber ich werde mich immer besonders freuen, ihn wiederzusehen, da noch nie ein Prinz mir einen so angenehmen

Eindruck machte, und ich könnte fast sagen, daß ich ihm dafür dankbar bin.

12. November
Wir hatten heute unsere große Sonntags-Soiree. Es waren viele Leute. Man sekkiert mich noch viel wegen dem Prinzen Wilhelm. Vor allem Brockhausen, der manchmal sogar den Witz so weit treibt, daß er mich verlegen macht.

18. November
Wir waren heute früh bei Großmama und haben sie sehr geschwächt gefunden. Sie hat sich fürchterlich verändert in den letzten acht Tagen. Sie wird sichtlich schwächer, und die Doktoren, die sie gestern gesehen haben, sagen, daß es keine Heilung mehr gibt. Damit ist mein Fasching futsch, und ich hatte mich so darauf gefreut. Aber ich hatte immer den Hintergedanken, daß etwas dazwischenkommen würde.
Wir empfangen alle Abende einen der ganz Getreuen, Richard Clanwilliam. Er kommt fast jeden Abend, und jedesmal bin ich von ihm entzückt. Er hat so etwas Mystisches in seinem ganzen Wesen, welches mir ausnehmend gefällt. Wenn dieser Mann mir die Cour machen würde, könnte ich vor Freude vergehen.
Ich bin heute mit der Ida auf der Bastei spazierengegangen, wo wir viele Bekannte vorfanden. Victor verreist nach Italien. Das ist ein großer Kummer für

mich. Wir waren jetzt auf einem so guten Fuß miteinander. Wir haben durch einen Brief von Fürstin Therese erfahren, daß Paul Esterhazy sich in London den Fuß gebrochen hat. Aber es soll ihm so gut wie möglich gehen.

3. Dezember
Wir hatten zuletzt recht traurige Tage. Die arme Großmama ist am 23. November nach langem Leiden gestorben, aber sie war bis zuletzt bei sich. Papa war gerade dort gewesen, und da holte man ihn wieder, als er bei Tisch war. Wir waren ganz erschrocken, denn wir erwarteten es nicht an diesem Tag, dem Geburtstag Papas. Ich werde diesen Abend nie vergessen – alle waren so traurig, und mein armer Fasching ist endgültig futsch, was mich sehr betrübt, denn ich wollte so gern tanzen dieses Jahr und glaube, daß ich viel Erfolg gehabt hätte. Jetzt, wo ich erst nächstes Jahr anfangen kann, werde ich nicht mehr denselben Eindruck machen können, denn da werde ich schon zu bekannt sein.
Victor hat uns heute verlassen, um nach Italien zu fahren und dort den Winter zu verbringen bis Juni. Es ist ein großer Verlust für uns, denn gerade jetzt, wo wir nirgends hingehen, wäre es so angenehm, ihn in unserer Nähe zu haben.
Ida kommt oft zu uns. Sie ist so gut und so liebenswürdig. Ich kann es nicht oft genug sagen. Sie soll nicht einig sein mit Mimi.

26. Dezember
Ich bin während einiger Tage krank gewesen. Ich hatte einen Schnupfen und Fieber. Ich habe mich derweil so ennuyiert, daß es einem leid tun konnte. Aber gottlob bin ich jetzt darüber hinweg. Wir hatten schöne Sachen zu Weihnachten. Ich habe meine Präsente im Bett bekommen. Ich bekam ein graues Kleid für die Halbtrauer, eine Arbeitskassette, ein Tintenfaß, ein Fichu aus Paris und einen Silberspiegel.
Während ich krank war, sind viele Leute mich besuchen gekommen.

17. Januar 1829
Welch schrecklicher Schlag hat mich getroffen! Meine gute, meine liebe Antoinette ist heute um acht Uhr in der Früh gestorben. Welche Verzweiflung erfüllt meine Seele bei diesem Gedanken! Sie war mein Leben, mein Glück, meine ganze Freude. Ich fand bei ihr Trost für meinen Kummer, sie mehrte meine Freuden, indem sie sie teilte.
Sie starb nach vier Stunden einer fürchterlichen Agonie; sie erkannte nicht mehr ihre Nächsten.
Wir waren so glücklich, denn am 7. dieses Monats brachte sie einen Sohn zur Welt, aber plötzlich in der Nacht vom 15. auf den 16. bekam sie ein fürchterliches Fieber, das den ganzen Tag über dauerte, ohne dabei die Doktoren zu beunruhigen – jedenfalls ließen sie es uns so glauben –, aber plötzlich um ein Uhr nachts packten sie entsetzliche Konvulsionen;

sie verlor das Bewußtsein, und es kehrte nicht mehr zurück. Das letzte, was sie ihrer Mutter sagte, war: »Liebe Mutter, Ihr wart so gut zu mir. Küßt mich.« Dann hat sie nicht mehr gesprochen, und um acht Uhr früh gab sie den Geist auf, und damit verging unser Glück.
Papa, dieser arme Papa, ist sehr zu bedauern. Er ist so verändert, und sein Kummer ist so tief, und trotzdem sieht man, wie er versucht, ihn zu verbergen.

14. Februar
Wir führen immer dasselbe Leben. Abends kommen immer einige Personen, uns zu besuchen, sonst verbringen wir unsere Zeit sehr einsam. Ida kommt oft. Wir sind bestens miteinander.
Der Tod meiner guten Antoinette wird mir alle Tage empfindiger, denn ich fühle mich immer mehr und mehr allein.

Fürst Metternich an »eine unbekannte Korrespondentin«: Wien, 25. Februar 1829

Ich danke Ihnen von ganzem Herzen für Ihre letzten zwei Briefe und besonders für den vom 7. dieses Monats.

Ich bin Ihrer Anteilnahme an meinem extremen Schmerz so gewiß, daß ich mit Ihnen offen darüber sprechen kann.

... Mir ist das größte Unglück, das mich treffen konnte, zugestoßen: Ich habe mehr als die Hälfte meines Daseins verloren. Mein zu Hause, mein häusliches Glück, dieser Teil meines Lebens, der mir gehörte und mir half, den anderen, der nicht mein Eigentum ist, zu ertragen – alles ist in mir und um mich herum vernichtet.

Sie wissen, daß ich nicht zu dieser Art von Menschen gehöre, die von dem leben, was den Reiz der Männer von Welt ausmacht. Die Welt ist immer von minderer Bedeutung in meinem Leben gewesen. Von außen betrachtet, könnte man mich gemeinhin als »Mann von Welt« bezeichnen. Mein Geist, mein Herz, meine zartesten Gefühle bewegen sich nicht auf dieser Ebene.

Entsetzliche Verluste folgten einer nach dem anderen, und sie haben meine Existenz verwüstet. Das Gefühl der mir verhaßten Einsamkeit hatte sich meiner Seele bemächtigt; ich fühlte die absolute Notwendigkeit, mich davon zu befreien.

Ruhig in meinen Überlegungen und unvoreingenommener Beobachter, suchte ich lange, bis ich meine

Wahl traf. Was ich suchte, war ein Wesen, das mir für immer exklusiv gehören würde und mich von jeder Sorge und vor allem jeder Aufsicht befreien würde; ein junger Mensch, der sich nie anmaßen würde, Mutter meiner Töchter zu sein, sondern nur die Rolle einer älteren Schwester spielen würde, ihnen zum Vorbild, und sie in ihrer Verlassenheit soweit wie möglich trösten würde. Ich hoffte auch, in diesem Wesen alle Garantien eines ebenmäßigen, sanften Charakters zu wissen. Letzthin hoffte ich, ihm mein ganzes Herz zu schenken.

Diesen Menschen hatte ich gefunden. Allein und ohne Familie am Tag, wo sie in die meine eintrat, schön wie ein Engel und Engel durch alle ihre Eigenschaften, gewohnt seit ihrer frühesten Jugend, in mir den besten und sichersten Freund zu sehen – letztens alles verbindend, was ich mir nur wünschen konnte –, dieses Wesen, welches ich gefunden hatte, wurde mir durch den Tod nach 14 Monaten Glückseligkeit entrissen! Mein Leben ist mit dem ihrigen ausgelöscht.

Ich hätte Ihnen nach meinem Unglück geschrieben, aber es fehlten mir die Kräfte dazu. Ich habe mich in die Staatsgeschäfte geflüchtet wie ein Mörder in den Wald. Sechs Wochen sind jetzt vorbei; ich kann diese Zeitspanne nicht messen; sie stellt sich in gleicher Weise meinen Gedanken wie ebenso viele Jahre oder Augenblicke vor.

Aber das Opfer ist vollbracht; es ist ohne Wiederkehr und ohne Heilung. Die öffentliche Teilnahme hat mir

gutgetan; ich bin noch keinem begegnet, der so allgemein unverfälscht war.
Ich habe diesen Ausdruck der Anteilnahme als eine Huldigung der, die nicht mehr ist, entgegengenommen.
Je mehr ich bedauert werde, um so mehr muß ich verloren haben ...

25. Februar
Wir haben unseren Neffen, den kleinen Max Lobkowitz, gesehen. Es ist ein schönes Kind, das weder der Mutter noch dem Vater ähnlich sieht.
Ida und ich beschäftigen uns mit dem Prinzen Gustav von Schweden. Wir sprechen immerfort von ihm, und seitdem ich höre, daß er Henriette Hunyady die Cour macht, vergehe ich vor Lust, ihn zu sehen. Aber er kommt leider nicht mehr zu uns, was mich sehr faschiert, denn ich bin sicher, ich würde ihm gefallen und er würde mir die Cour machen, wenn ich ausgehen könnte.
Ida sagte ihm neulich, daß ich mich allein fühle, und da hat er geantwortet: »Wenn man so viel Verstand hat wie sie, kann man recht gut allein bleiben.« Das hat mich gefreut. Man spricht jetzt nur von der Maskerade, die beim englischen Botschafter stattfinden wird.

2. März
Heute früh habe ich bei der Probe des Tanzes der Monate und des Regenbogens assistiert, der heute abend beim englischen Botschafter stattfindet. Es wird hübsch sein, vor allem der Tanz der Monate. Ich habe auch die Maskerade gesehen, einige Kostüme waren fürchterlich, besonders die von Frau v. Maltzahn und Louise Schönburg. Dafür waren Henriette Hunyady und Mathilde Clary deliziös. Sie hatten auf dem Kopf eine Sonne, von einem grauen Schleier verdeckt, ein rotes Kleid, welches

nach unten weiß wurde und das garniert war mit Veilchen und Zeichen, die den Schnee repräsentierten. Alle Männer zusammen stellten den Venediger Karneval dar. Taxis hat den Damen eine Rede gehalten. Ein Kind, welches auf einem Stuhl getragen wurde, warf den Damen Kamelien zu. Franzi Liechtenstein ist es gelungen, uns sehr gut zu plazieren in einem kleinen, dunklen Kabinett neben dem Tanzsaal.
Charlotte hat endlich Vertrauen zu mir gefaßt und mir heute die Quälereien, die sie von der Botschafterin ausstehen mußte, erzählt. Sie haßt sie wahrhaftig, und ich lerne alle Tage den Charakter von Charlotte besser kennen, der zu den angenehmsten gehört, die ich kenne. Ich sehe, daß sie nur traurig und bedrückt war, als ich meinte, sie wäre schlechter Laune. Ich kann mit ihr sein wie mit meiner guten Antoinette.

22. März
Ich fange an auszugehen, und das seit dem Johannistag. Ich kann nicht sagen, wie gut alle Liechtensteins zu mir sind und mit welcher Freundlichkeit sie mich überall mitnehmen. Mein Gott, bin ich jetzt »coquette« (frivol) geworden.

25. März
Gestern war eine Komödie bei Tatitcheffs. Sie spielten »Der Bär und der Pascha«, ein hübsches Stück. Rougemont war der Bär und spielte gut.

Kalesche des Fürsten Nicolaus Esterhazy

13. April

Ich ging zu einer Soiree bei Zichys, wo man die Bilder von Ender darstellte. Ich habe mich nicht sehr gut unterhalten, denn es war niemand da von unserer Gruppe. In der Stadt spricht man viel von der Heirat der Ida mit dem Nicki Esterhazy, und Adèle O'Donnell hat einen fürchterlichen Pantsch gemacht, um es zu erfahren. Sie hat zu Fleiß den Nicki gefragt. Er sagte, daß er nicht daran denke, und wenn er es tun würde, so nur seinen Eltern zulieb. Er sagte ihr dann, daß er mich sehr angenehm findet. Ich glaube nur, damit sie es mir wiederholte, aber ich dachte, wie amüsant es sein würde, wenn er am Fenster wäre. Ich hatte kaum zu Ende gedacht, als eins der Fenster sich weit öffnete und einige Köpfe erschienen. Aber da ich nicht genau hinschauen wollte, konnte ich nicht sehen, ob er dabei war. Übrigens ist seine Passion keine große, weil er wußte, daß ich heute mit Caroline zur Burg gehe, und er ist nicht hingekommen.

19. April

Da ich so lange nicht getanzt habe, habe ich bei Tatitcheffs alles gut gefunden und tanzte auch alles. Nicki war reizend zu mir. Ich sehe, daß ich ihm gut gefalle, obgleich er mir nicht merklich die Cour macht, und wenn ich nicht sehen würde, daß er immer hinter mir her ist, hätte ich es nach seinen Reden nicht gedacht.

13. Mai

Ich war gestern bei der Soiree bei Eléonore Windisch-Graetz. Nicki war auch da und gefiel mir ungemein, weil er so natürlich und so herzlich war. Wenn er so weitermacht, könnte er mir gut gefallen. Jetzt, wo ich fast glaube, daß er um mich anhalten wird, und ich gebe zu, ich wäre sehr verlegen zu wissen, ob ich ja sagen müßte, denn die Familie kommt mir sehr langweilig vor und scheint auch dem Papa nicht zu convenieren.

Wir waren bei einer Soiree bei Zichys. Ich verbringe mein Leben mit ihnen, was mich sehr langweilt, weil ihr »genre« mir nicht angenehm ist, und auch nicht der Umstand, immer mit ihnen zu sein.

24. Mai

Ich habe heute zum ersten Mal ein Feuerwerk gesehen. Ich war mit Henriette Zichy und der Tardiveau, und ich habe mich sehr gut unterhalten, besonders als Nicki angeritten kam, um mit mir im Prater zu sprechen. Das war mir ein Beweis, daß er noch an mich denkt, obgleich ich ihn acht Tage nicht mehr gesehen habe, so hat es mich doch gefreut. Ich weiß, daß ich ihm conveniere. Wie amüsant das alles ist, und wegen diesen extra Späßen habe ich die Welt gern. Aber bei dem Feuerwerk ist er nicht einmal zu mir gekommen. Ich glaube vielleicht, daß er es nicht getan hat, damit man nicht redet. Ich hoffe, daß er mich nicht während des Sommers vergißt, weil ich ihn recht gern habe, und bin überzeugt, daß ich glücklich mit ihm sein kann, nur die Familie macht mir etwas Angst.

8. Juni

Wir haben gestern wieder bei Tatitcheffs getanzt, es war ein kleiner Ball – nur 15 Paare im ganzen. Der Nicki machte mir zuviel Kummer, in dem er recht merklich die Cour der Fürstin Ligne machte. Er hat sie nicht mehr verlassen und tanzte nur mit ihr, während er mir kalt und unangenehm war. Wenn er wüßte, wie gern ich ihn habe, würde er mich sicher besser behandeln.

Er gefällt mir ungemein, und ich kann nicht sagen, wie glücklich ich wäre, wenn er mich wirklich heiraten wollte, aber ich glaube es nicht. Wir werden gute

Freunde bleiben, aber nicht mehr. Ich habe ihn heute nach dem Diner bei Lady Cowley gesehen, und er war recht liebenswürdig mit ihr. Er kam, mit mir zu sprechen, und obgleich Mme. de Ligne da war, hat er mit ihr nicht viel gesprochen, aber um so mehr hatte er mit ihr den ganzen Vormittag verbracht in einer Promenade zu Pferd.

Ich könnte mich über mich ärgern, daß ich mich so mit dieser Affäre beschäftige, aber ich verstehe nichts, denn es ist doch merkwürdig, daß, gerade wo er am meisten mit mir beschäftigt war, er so intensiv die Cour einer anderen macht. Trotz alledem kann ich mir nicht helfen, ihn charmant zu finden, und ohne Mühe könnte ich mich in ihn verlieben.

16. Juni

Ich war gestern bei Zichys. Meine Rivalin, die Fürstin Ligne, ist hingekommen, aber nicht Nicki, weil er seine Reise vorbereitet, um seiner Mutter entgegenzufahren, die dieser Tage aus Prag zurückkommt. Das habe ich so hübsch von ihm gefunden. Es beweist, daß er ein guter Sohn ist und daher ein excellentes Herz hat. Ich bin so weit, daß ich mich ärgere, wenn ich von ihm Gutes höre, denn ich muß auf ihn verzichten und möchte dadurch nicht zu unglücklich werden.

Heute hat Charlotte mir gesagt, daß Meriadec sie gefragt hat, was ich von Nicki halte, denn nach ihm wäre er noch sehr mit mir beschäftigt und hätte davon vor ihm in der Familie gesprochen.

Victor soll dieser Tage ankommen. Wir sind noch nicht mit seiner Gesundheit zufrieden. Gott gebe, daß er sich bald erholt.
Wie oft denke ich an meine reizende Antoinette. Wenn ich allein in meinem Zimmer bin, erinnere ich mich an die gemeinsam erlebten Stunden und fühle mich dann so traurig und allein. Es war ein schöner Traum, eine lichte Erscheinung, die mir das Glück ihrer Anwesenheit schenkte, um mich ewig durch ihr Verschwinden zu traurig zu machen.

22. Juni
Victor ist heute angekommen. Gottlob schaut er nicht zu schlecht aus. Auch für die Krankheit, die er hat, finde ich, daß es ihm gutgeht. Ich hatte eine verrückte Freude, ihn zu sehen, denn ich liebe ihn wirklich und niemanden soviel wie ihn. Er ist mein kleines Idol, besonders seit heute abend, wo er mir so viel Vertrauen zeigte und mir sagte, er würde mir ein Porträt von ihm schenken, das er der Antoinette vor ihrer Heirat gegeben hat. Er gab mir zu, daß er sehr verliebt in sie gewesen war, es ihr gestanden hat und daß sie auch in ihn verliebt war. Endlich habe ich die Geschichte des Tagebuchs erfahren, die mich so intriguiert hatte. Meine Vermutung, daß sie es ihm gegeben hatte, war begründet. Es war in einem Augenblick der Zuneigung, daß sie ihm das Tagebuch gab und er ihr das Porträt.
Ich muß gestehen, daß es mich traurig macht, daß sie mir nie etwas von dieser Geschichte erzählt hat,

und das mit so großer Beharrlichkeit, denn ich habe sie oft darüber ausgefragt, und sie verneinte sogar immer, daß Victor ihr die Cour gemacht hätte.

25. Juni

Wir haben ein Diner bei Cowley gehabt. Ich habe mich gut unterhalten, da mein Nachbar bei Tisch Fürst von Ligne war, den ich sehr gern habe. Er ist so gut, so herzlich, daß ich mich wirklich sehr an ihn attachieren könnte. Wir haben anschließend bis vier Uhr in der Früh ohne Unterlaß getanzt, obgleich ich ohne große Dispositionen zum Amüsement hinging. Nicki tanzte den Cotillon mit mir, aber er war so wenig herzlich, daß ich es nicht lassen konnte, ihn nach dem Motiv zu fragen, allein er sagte, daß er wie immer wäre und wüßte nicht, was ich meine. Was bewiesen ist, ist, daß er nun gar nicht mehr an mich denkt, und ich kann nicht einmal sagen, daß es mir leid tut. Er hatte nur Augen für seine Fürstin und lief ihr ununterbrochen nach. Andererseits, Ligne und Rougemont sind sehr nett zu mir, und sie haben mit mir soupiert, so daß ich mich königlich unterhalten habe.

Nandine war närrischer denn je mit Brockhausen; sie ist mit ihm in den Garten gelaufen und arrangierte »parties carrées« mit ihm, der Fürstin Ligne und Nicki, so daß jeder Mensch schockiert war. Ich kann den »genre« dieser Damen, daß jede einen Adorateur hat, nicht ausstehen. Es ist vom schlechtesten Ton der Welt.

27. Juni
Heute abend ist der gute Fürst von Ligne auch gekommen, um von uns Abschied zu nehmen. Er verreist morgen früh, ich hatte fast Lust zu weinen, so sehr bedaure ich, daß er uns verläßt. So habe ich ihm sehr herzlich die Hand gegeben, und gestern bei der Soiree bei Zichys haben wir eine »Vereinigung des gebrochenen Stabes gebildet« – Andlau, Ligne, Henriette, Caroline, Rougemont und ich, und wir haben uns alle versprochen, ein Stück dieses Stabes (der Brockhausen gehört) bis zur nächsten Soiree bei Zichys im kommenden Jahr aufzuheben, und dann legen wir alle Stücke wieder zusammen. Mein Stück paßt genau zu dem von Fürst von Ligne, was mich sehr freut.
Wir hatten gestern einen großen Schreck, als wir im Garten dinierten und man uns mitteilte, daß Victor Blut gespuckt habe in der Stadt und nicht zu uns kommen konnte. Papa und ich sind sofort nach Hause zurückgekehrt, wo wir die Sache nicht so erschreckend fanden, wie wir es gefürchtet hatten. Er muß eine Weile ganz ruhig bleiben und niemanden sehen.

7. Juli
Zu meinem großen Erstaunen und meiner Freude habe ich, als ich von der Messe zurückkehrte, die Ida bei mir installiert gefunden. Sie verbringt den ganzen Tag in Wien, um morgen nach Maria-Zell zu gehen. Wir haben den ganzen Vormittag zusammen verbracht und haben uns recht ausgeschwätzt.

Bei den Batthanys war Nicki plötzlich sehr herzlich mit mir. Er sagte mir, daß er immer das Konfekt, das ich ihm bei Tatitcheffs gegeben habe, behielt, was mich freute: Es rief mir die gute vergangene Zeit wieder zurück. Als ich ihn darauf aufmerksam machte, daß er Irene den Rücken wendete, um mit mir zu reden, sagte er: »Ich setze mich aber nicht gern anders, denn ich sehe Sie gar zu gern an«, und da ich einen Kuchen aß, sagte er schnell dazu: »... wenn Sie diesen Kuchen essen.« O, mein armes Herz, du könntest leicht krank werden! Und mit welcher Sorgfalt muß ich es hüten, damit dies nicht geschieht. Wenn es nicht eine Fürstin Ligne in der Welt gäbe, so könnte ich noch hoffen, aber so habe ich keine Hoffnung mehr. Ich muß das Opfer bringen und auf dieses reizende Gesicht Verzicht leisten.

9. Juli
Ich habe ihn heute im Theater gesehen. Er hat mich gegrüßt, vielleicht sogar wieder beim Weggehen, obzwar ich dessen nicht sicher sein könnte, aber ich war so glücklich, als er dergleichen tat, mich sehen zu wollen. Wie närrisch, einen zu lieben, der eine andere liebt, und obgleich ich mir das immer sage, so bin ich immer aufgeregt, wenn ich ihn sehe, und ungehalten mit denen, die mich sprechen wollen oder mich ablenken in solchen Momenten.
Hätte ich je geglaubt, daß ich jemand lieben kann, der mir keine Beachtung schenkt, aber er ist eben so gut und vollkommen und hübsch.

Prinz Richard Metternich

14. Juli

Wir sind in entsetzlichster Sorge um unseren kleinen Richard gewesen. Es wurde ihm so schlecht nach einer Erkältung, und wir dachten schon vor dem Unglück zu stehen, ihn zu verlieren. Gottlob ist es ihm jetzt wieder gut. Ida hat mir von ihrem Diner bei Esterhazys berichtet. Sie hat alles in der Welt versucht, um Nicki von mir reden zu machen, aber es war nicht möglich. Er fing immer gleich an, von etwas anderem zu sprechen, und es schien ihm selbst unangenehm, daß sie immer wieder von mir anfing. Welches Glück, wenn ich ihm nicht ganz gleichgültig wäre; wenn er mich liebte, könnte ich vor Glück vergehen, denn er ist reizend und nach allem, was mir Ida sagt, hat er ein goldenes Herz. Maurice hat auch viel von mir gesprochen mit Ida. Er hat sie gefragt, ob ich wirklich so kühl und gleichgültig bin, und am Ende hat er gesagt, daß Nicki immer noch an mich denkt.

15. Juli
Ich habe heute bei Tatitcheffs diniert. Es waren eine Menge Leute da. Ich hatte eine Vorahnung, Nicki dort zu sehen, und nach dem Diner ist er auch gekommen. Er hatte seine gute und herzliche Art mit mir wie früher.
Er kam immer wieder mit mir konversieren und sagte sogar, daß er sehr bedauert hatte, nicht zur »Brigittenaue« zu gehen, als er hörte, daß ich dort gewesen sei. Obgleich das nur eine Höflichkeitsphrase war, so hat es mich doch gefreut, denn Nicki ist kein Phraseur, und was er sagt, das denkt er auch. Gott weiß, wann ich ihn wiedersehen werde. Es werden viele Tage vergehen. Aber er liebt mich nicht, das sehe ich. Ich bin ihm nicht unangenehm, das ist aber alles.
Ah, welches Biest ist die Fürstin Ligne. Ohne die Ankunft dieser Hexe hätte er vielleicht nicht aufgehört, mich vorzuziehen, aber nun ist es geschehen, und

mein armes Herz muß noch bluten. Ich weiß, daß er glaubt, mir nicht zu gefallen, trotzdem sich Adèle jede Mühe gemacht hat, ihn davon zu überzeugen.

28. Juli – Erlau

Wir sind hier installiert seit gestern nach dem Diner. Victor hat sich im Tragsessel herbringen lassen, und die Reise hat ihm nicht zuviel geschadet, obgleich ich ihn seit einigen Tagen weniger gut finde. Er ist promenieren gegangen im Garten, und die Luft hat ihn nicht zu sehr erschöpft. Gott gebe ihm bald wieder die Gesundheit, das ist der innigste Wunsch meines Herzens. Ich neige hier zur Melancholie, denn ich finde es traurig, allein am Land zu sein. Papa kehrt alle Tage zurück in die Stadt, und der Gedanke, daß Ida in der Stadt ist, gibt mir große Lust hinzugehen. Ich habe den gestrigen Vormittag mit ihr verbracht, und sie hat mir erzählt, daß Nicki zu ihr zum ersten Mal von mir gesprochen hat, aber nur so beiläufig, und sagte auch, daß die Adèle die größte Tratsche und Commère von der Welt sei. Das beweist mir, daß die Unglückliche meine ganze Affäre ruiniert hat, aber ich will mich nicht beklagen. Es ist vielleicht zu meinem Wohl geschehen.

Ich sehe Nicki nicht mehr. Das macht mich unglücklich, wenn auch nur wegen seines deliziösen Gesichts. Lori ist viel glücklicher als ich. Ich habe heute einen Brief von ihr bekommen, worin sie mir erzählt, daß ihre Affäre gutgeht, A. hat ihr gesagt, daß

er sie heiraten will und daß er nächsten Winter um sie anhalten wird.
Das macht sie sehr glücklich, und das verstehe ich gut, denn es muß herrlich sein, zu wissen, daß man den, den man liebt und begehrt, besitzen wird.
Mme. Fontana ist dinieren gekommen. Ich habe sie nicht zu gern, sie ist eine Schreierin und hat ganz den »genre« von Frau von Leykam. Es ist nur in Erinnerung an Antoinette, daß ich aimable mit ihr bin.

Léontine an ihren Vater: Erlau, den 6. August 1829

Ich halte treu mein Versprechen, lieber Papa, und berichte Dir über den Victor. Er hat gestern sein erstes Bad genommen, und das im Augenblick, als das erste Frösteln kam. Damit wurde es angehalten, und so ist das Fieber nicht gekommen.
Den sonstigen Tag hat er sich wohl gefühlt, und die Nacht war gut, obwohl er ein wenig geschwitzt hat. Das Wetter ist heute gräßlich, aber trotzdem hat Victor sein zweites Bad genommen und sich danach nicht schlechter gefühlt. Er befürchtet nur, daß die Bäder ihn zu sehr echauffieren, denn da er sie nimmt im Augenblick, wo es ihm kalt wird, nimmt er sie vielleicht zu heiß, als es sein sollte. Er wird morgen darüber mit Standenheim sprechen und Dir nach der Visite des Doktors selbst schreiben. Ich finde, daß er seit diesen zwei Tagen gut aussieht, er ist auch bester Laune, und sein Appetit ist wiedergekommen.
Wir leben sehr allein, niemand ist uns besuchen gekommen außer Tante Pauline und heute früh auch der Herzog.
Morgen erwarten wir den Besuch von Fürst Dietrichstein, der uns seinen kleinen »protégé« mitbringt, damit er uns was vorspielt. Das ist die einzige Ablenkung, die wir uns gönnen.
Adieu, lieber Papa. Wenn ich mich nicht dem guten Victor nützlich fühlen würde, bedauerte ich, nicht im lieben Königswarth mit Dir zu sein.
Wir umarmen Dich zärtlich. Richard macht uns »Si,

Ssi«. Seine Kinderfrau, die Schaumburg, ist krank. Sie schaut recht schlecht aus; sie ist noch nicht deswegen zu Bett, aber ich befürchte, daß sie eine Krankheit brütet.

Ganz Deine
Léontine

Victor Metternich an seinen Vater aus Erlau, den 7. August 1829

Ich schreibe Dir im Mantel, mein guter und lieber Papa; so hat mich auch mittags der Doktor in meinem Zimmer gefunden und war damit recht einverstanden, denn er war in der Versuchung, dasselbe zu tun.
Es herrscht eine Wolfskälte, feucht und penetrant, genau was ich nicht brauche, um von meinem Schüttelfrost loszukommen.
Standenheim war mit meinem Bericht sehr zufrieden; dieser bestand darin, ihm zu sagen, daß dieselben Symptome, wenn auch in vermindertem Maße, weitergingen.
Ich habe dazu heute früh auf natürlichem Wege etwas Blut verloren, was mir Erleichterung verschaffte. Was die Bäder betrifft – das zweite hat mich erhitzt –, um darin bequem zu sein, mußte ich auf 30 Grad heizen, und da ich darin eine Stunde bleiben muß, kamen mir nachher Wallungen und Ermüdung ...
Hiermit hast Du meinen Krankheitsbericht, mein lieber Papa.
Ich werde Deinen Ratschlägen folgen, und es wird nicht mein Fehler sein, wenn meine Moral sich nicht von dem so schweren Joch des physischen Leidens befreit. Ich bin diesbezüglich besten Willens.
Léontine und sogar Hermine sind gut und lieb zu mir, und ich bin ihnen dafür dankbar.

Nun bist Du angekommen. Hoffentlich kannst Du Deine neuen Kreationen genießen und hast besseres Wetter, als uns hier beschert wird ...

Adieu, lieber Papa. Alles Liebe
Victor

Le Prince Victor de Metternich

Léontine an ihren Vater: 9. August 1829 – Erlau

Mein lieber Papa.
Dem Victor geht es ziemlich gut, die Nacht war heute sehr gut, und er hat fast nicht geschwitzt. Seit zwei Tagen dauert die Kälte an, und er ist ihr gegenüber empfindlicher als der Hitze, die unbedeutend ist.
Gottlob hat sich das Wetter gebessert, und auf einmal ist es wieder warm, denn in diesen letzten Tagen waren wir kurz davor, melancholisch zu werden, obwohl wir immer Besuch hatten. Onkel Pepi ist sogar zum Essen gekommen. Was kann man sich mehr wünschen? ...
Richard schreit immer wieder, weil seine Zähne ihn leiden lassen; besonders nachts ist er wie ein kleiner Teufel. Man hat ihm seinen kleinen Wagen hinaufgebracht, und seine Frauen sind gezwungen, ihn darin die ganze Nacht herumzuziehen, wenn sie ihn zum Schlafen bringen wollen ...
Adieu, mein lieber Papa. Wir erwarten Nachricht von Dir zwischen heute und morgen. Wir umarmen und lieben Dich zärtlich

Léontine

Victor Metternich an seinen Vater aus Erlau, den 10. August 1829

Das Wetter ist seit gestern wieder schön, und ich freue mich darüber, auch für Dich, lieber Papa. Ich konnte täglich zwei gute Spaziergänge machen, trotzdem war der erste Morgen ekelhaft für mich. Der Schüttelfrost ist so stark gekommen, daß ich in einem geheizten und geschlossenen Zimmer bei schönster Sonne mich bis zu den Augen in meinen Mantel einwickeln mußte. Ich hatte kein Bad genommen, da ich ausruhen mußte. Ich finde, daß diese den Nachteil haben, nur ein vorübergehendes Hilfsmittel zu sein, die mich noch empfindlicher der Kälte gegenüber machen, wenn ich sie nicht einnehme ...
Die Abende sind immer meine Jubelzeit – so konnte ich mich mit den O'Donnells, Sardanka und den jungen Esterhazys, die mich besuchten, unterhalten. Ich war nicht müde, als ich schlafen ging, und lobte dafür meine Brust, die sich bessert.
Die Esterhazys sind sehr nette junge Leute; ein wenig effeminiert, jungdamenhaft, aber im besten Stil mit freundlichen und guten Manieren. Sie haben sich sehr liebenswürdig gezeigt und sind nette Jungen ...
Richard schläft immer, und es geht ihm so gut, wie er schläft. Das ist sein ganzer Gesundheitsbericht.
Den Kindern geht es gut, sie sind den ganzen Tag draußen. Gestern hatte Hermine den Besuch ihrer Freunde Stadion, die sie nicht einschüchtern wegen ihrem Alter. Meine Augen setzen sie in Flucht oder stö-

ren sie mindestens gewaltig – ich weiß nicht, welchen Ausdruck ich ihnen geben soll, und bin in dieser Hinsicht so schüchtern wie sie.
Der Herzog und meine Tante wechseln sich im Besuch ab. Der Herzog zieht stark die frühmorgendlichen »tête à tête« vor, und belegt mich dann mit Ratschlägen, ob Pflaster oder Sirup, um alles dann auf sich zu beziehen, auf seine Leiden und seine Heilmittel und die Ähnlichkeit, die er geruht, zwischen ihm und mir zu finden ...

Adieu, lieber Papa, ich liebe Dich und umarme Dich
Victor

Fürst Metternich aus Königswarth,
den 11. August 1829

Danke für Deinen guten Brief, meine liebe Léontine. Er hat mich sehr gefreut, sowohl wegen der Nachrichten von Victor, wie weil er von Dir kommt. Möge Gott Euch während meiner Abwesenheit gesund erhalten! Das Wetter in Königswarth ist schön, so sollte es auch in Erlau sein. Die ersten zwei Tage nach meiner Ankunft war es hier wie im Dezember, das Thermometer im Freien stand auf sechs Grad und das in den Zimmern auf zehn Grad. Ich habe heizen lassen, aber am 10. August ist die Sonne gekommen und hat sich über das Kaminfeuer lustig gemacht.
Wenn der Grund, der Dich in Wien zurückgehalten hat, nicht eine ausgezeichnete Herzenssache gewesen wäre, könnte ich mich nicht trösten, Dich nicht bei mir zu haben. Ihr könnt Euch alle gar nicht vorstellen, was für Veränderungen hier vor sich gegangen sind. Der Ort ist um vieles hübscher geworden, er wird schön, d. h. schön, wie es die herrlichen englischen Parks sind. Rings um das Schloß ist alles fertig, alles ist voller Blumen und ausgesuchter Sträucher; man fährt im Wagen im Maiberg.
Die Schöneburg ist reizend, der Garten dehnt sich über zwei Drittel des Wegs aus, der zur Stadt Königswarth führt. Der frühere Teich beim Schloß ist zu einem prächtigen Rasenplatz geworden; der bei der Rollmühle bietet jetzt den Anblick eines Sees; das neue Gärtnerhaus sieht wie eine italienische Villa in-

mitten eines englischen Gartens aus. Man könnte denken, daß alle Arbeiten vor zehn Jahren gemacht wurden.
Das Innere des Schlosses bietet den gleichen Anblick. Der große Saal ist fast fertig und sehr schön geworden; aus der ganzen Seite, wo der Verwalter wohnte, sind Appartements für fremde Gäste geworden; eigentlich haben sie die schönste Aussicht von allen.
Infolge von alledem ist der Park jetzt das Ausflugsziel aller Bewohner von Marienbad. Täglich kommen bis zu 20 Equipagen, und überall sieht man Gruppen von Spaziergängern sowie Jausenplätze. Was auch den größten Erfolg hat, ist das Münzenkabinett. Das dort seit dem Frühjahr ausliegende Buch enthält schon mehrere hundert Namen.
Mein Freund, der Henker, ist der zufriedenste Mensch der Welt, da er seine Gelder zurückbekommt. Zum Glück für meinen *Mann gibt es so viele Schaulustige. Da der Großteil der Münzen gestohlen wurde, war sicherlich wenig zu sehen. Stell Dir aber vor, diese Leute aus Marienbad sind doch Stunden vor leeren Vitrinen geblieben, um die Stellen zu bewundern, wo die gestohlenen Münzen lagen, und dem Herrn Huss zuzuhören, der ihnen mit einer unwahrscheinlichen Beredsamkeit beschrieb, was für Gegenstände das waren. Er hat in dem Raum dem* Leinensack *einen besonderen Platz gegeben, in den der Dieb die Gold- und Silbermünzen gestopft hatte, und die Neugierigen stehen Stunden und betrachten diesen* Sack. *Ich verbiete Dir, je wieder Pantoffeln oder ein Röckchen wegzuwerfen!*

Du schickst sie her, schreibst dazu Nr. 33024 und die Bemerkung »Léontinens Röckchen und Pantoffeln«. Was an dem Diebstahl eigentlich am meisten überrascht, ist, daß der Dieb die Kraft hatte, von Pilsen bis Prag den sicher 150 Pfund schweren Sack nicht von seinem Arm zu lassen. Wenn er vor Herrn Huss stirbt, wird dieser den Arm für das Münzkabinett verlangen, der dort als anatomisches Kuriosum bleiben soll!

Das Kabinett selber ist eine der merkwürdigsten und kuriosesten Sachen der Welt. Der Hochfürstliche Kustos – Herr Huss erlaubt nicht, daß man ihn anders nennt – hat ein derartiges Gefühl für sonderbare Dinge, daß er überall welche findet. So hat er am Dachboden des Schlosses alte Rüstungen entdeckt, Panzer, Helme, Handschuhe, sehr merkwürdige Wagen und sogar zwei alte Bügeleisen einer Art, wie man sie sicher seit 200 Jahren nicht mehr macht. Sie sind aus Bronze und anstelle der heißen Eisen werden sie mit glühenden Kohlen geheizt. Eine klassische Büglerin könnte darüber verrückt werden. Als ich diese sonderbaren Maschinen in einer Ecke des Kabinetts entdeckte, dachte ich, daß sie zum mindesten aus der Garderobe Maria Stuarts oder der Königin Elisabeth stammten.

Ich fragte also Herrn Huss, und da dieser der ehrlichste Mann der Welt ist, antwortete er: »Ach Gott, nein, die habe ich aus der Königswarther Rumpelkammer gezogen!« Du siehst, daß er kein Schwindler ist. Ich behaupte, daß ich das Glück hatte, den einzigen

Mann auf der Welt zu finden, der meine 100 000 Sachen ordnen kann. Ich werde sie alle nach Königswarth schaffen!
Auf der Post in Plass bin ich durch den geschwätzigen Vater aller Taxis angenehm überrascht worden. Er war gekommen, um mir zwei schöne Nachrichten zu geben; daß er morgen Marienbad verläßt und daß Louise Schomberg am selben Tag zu mir zum Diner kommt. Das hat sie auch wirklich getan.
Gentz ist am Tag darauf eingetroffen und hat sich für den heutigen Nachmittag mit ihr verabredet. Er hatte anfangs Herrn von Münch im Vertrauen gesagt: »Ich erwarte ein sehr stürmisches Wiedersehen, wegen Louises sinnloser Eifersucht. Es ist wahr, daß ich Mlle. Naudier sehr den Hof gemacht habe, und weiß, daß Louise wütend ist, aber ich werde versuchen, sie wieder freundlicher zu stimmen, und da sie mir außerordentlich zugetan ist, wird sie zu mir zurückkehren.«
Münch hat ihn für verrückt gehalten, und ich bin derselben Ansicht!
Heute kommt Louise zu mir zum Diner mit einer anderen Dame, die ich nie gesehen habe, die aber absolut wünscht, meine Bekanntschaft zu machen. Abends kommen Herr und Frau Taaffe. Da ich nie auf Minister verzichten kann und es von diesen in Marienbad wimmelt, werde ich ein halbes Dutzend von ihnen zu meiner Verfügung haben.
Adieu, mein gutes Kind. Dieser Brief ist für die ganze Familie, die ich von Herzen umarme.

Sage sehr viele Grüße an Mlle. Tardiveau, und Madame Schaumburg soll sich ja gut pflegen. Ich hoffe, daß ihr Unwohlsein nur die Folge des abscheulichen Wetters war, das bei uns und überall anders herrschte.

Adieu!

Clemens Fürst Metternich

Victor Metternich an seinen Vater aus Erlau, den 13. August 1829

Endlich – zu unserer großen Freude – erhalten wir Nachricht von Dir. Heute war der neunte Tag seit meiner Abreise, und noch einer ohne Brief hätte uns beunruhigt. Wie immer zerbricht man sich den Kopf, um die Verspätung zu ergründen, die am Ende nur an der Langsamkeit der Post liegt.
Seit drei Tagen geht es mir wirklich besser, ich erhole mich in befriedigender Weise. Sollte das so weitergehen, findest Du mich ganz lustig und unternehmend. Aber um dahin zu gelangen, muß ich dieselbe Wärme und dieses himmlische Wetter haben, die mehr als alles und sogar sichtbar heilt.
Nach meinem heißen Bad lege ich mich wieder hin für eine halbe Stunde, und später kann ich sogar den Schatten suchen, den ich sonst so vermeide.
Trotzdem ist mein Leben das eines Seidenwurms ...
Erlau besitzt einen großen Nachteil für einen halbkranken Mann: Man befindet sich den Besuchern ausgeliefert, und es ist unmöglich, sie zurückzuweisen – wegen der Entfernung und der Tatsache, daß man verfügbar ist. Oft leide ich darunter, angesichts der Zahl der eigentlichen Menschen. Gestern verdankte ich der Blödheit meiner Leute ein morgendliches »tête-à-tête« mit M. de Laval, das eine Stunde dauerte. Und wenn ich eine Stunde sage, so lüge ich, denn er blieb zwei und stellte ununterbrochen Fragen. Ich hatte ihn nie tauber und neugieriger gesehen.

Was Du über Königswarth schreibst, interessiert mich sehr, und ich bedaure um so mehr, nicht an Deiner Seite zu sein.
Adieu mein guter Papa – allen geht es gut und alle lieben Dich.

Léontine an ihren Vater: 14. August 1829 – Erlau

Ich bin überglücklich, lieber Papa, Dir heute sehr gute Nachrichten von Victor geben zu können. Seit einigen Tagen geht es ihm merklich besser, und es scheint, daß die Bäder, die er immer noch nimmt, ihm ausgezeichnet bekommen. Die Fieberanfälle gehen von Tag zu Tag zurück und dauern nicht mehr als eine Stunde, und sogar heute, wo er nicht gebadet hat und wo er nur eine halbe Stunde in der Sonne war, hat das Gefühl des Schüttelfrosts ihn fast verlassen. Victor wird morgen zum ersten Mal Brathuhn essen, und er wird seinen kleinen grauen Mann um Erlaubnis bitten, ein wenig im Wagen spazierenzufahren, um sich daran zu gewöhnen.

Seit einigen Tagen ist das Wetter wunderschön, und wir freuen uns auch für Dich, lieber Papa. Wir waren so lange ohne Nachricht von Dir, daß wir anfingen, uns zu beunruhigen, bis endlich Victor gestern Deinen Brief bekam, worin Du von Deiner glücklichen Ankunft berichtest ...

Gentz wird sich jetzt wohl wie im Paradies fühlen – zwischen Königswarth, das er so liebt, und Marienbad, wo er die gefährlichen Augen Louises findet. Tante Pauline kommt uns ziemlich oft besuchen, aber sie hat eine solche Angst vor Gewittern, daß ein weißes Wölkchen am Himmel schon genügt, um sie daran zu hindern. Sonst haben wir immer Besuch und sind abends selten allein.

Neulich hatte ich sogar den Besuch von Mme. Tatit-

cheff mit ihrem Gefolge, sogar das Kinderzimmer ist auch gekommen. Sie hat mich auf eine große Landpartie mitnehmen wollen, aber ich habe ihren Vorschlag nicht angenommen.
Wir haben Christine für einige Tage zu uns genommen, denn Hermine hat eine plötzliche Leidenschaft für sie, und sie ist einer der seltenen Menschen, die sie nicht einschüchtern. Mme. Schaumburg geht es besser, und sie wird bald aufstehen können.
Standenheim hat sie diese ganze Woche im Bett behalten.
Adieu, mein allerliebster Papa, ich kann den Augenblick kaum abwarten, Dich wiederzusehen, um Dir zu sagen, wie sehr ich Dich liebe.
Richard ist gräßlich: Sein ganzes kleines Gesicht ist eine einzige Kruste, aber sonst geht es ihm gut.

Wir umarmen Dich zärtlich
Léontine

Ich erhalte soeben Deinen Brief, lieber Papa, und mache den meinen auf, um Dir dafür zu danken. Die Einzelheiten, die Du von Königswarth berichtest, bringen mir Wasser in den Mund. Es muß reizend sein, und ich freue mich schon riesig darauf, das alles nächstes Jahr zu sehen ...
Gentz macht mich ungeduldig. Sage ihm bitte von mir, er soll Louise dazu bringen, ihn schlecht zu behandeln. Da wird sie schon merken, wie ihn das überrascht: Er verzieht dann seine Miene, die besagt: »Ich

bedaure Sie, daß Sie dem liebenswürdigen, charmanten Gentz widerstehen wollen.« Die Liebe gibt ihm Rosenfarben und läßt ihn aufblühen, so stelle ich ihn mir im Moment in voller Blüte vor.

Adieu, mein guter und lieber Papa

15. August
Heute ist der Geburtstag meiner guten Antoinette. Sie wäre 23 Jahre geworden. Welch schönes Alter, und welche lange Karriere sollte man noch vor sich haben, aber statt dieser schönen Perspektive ist sie uns in der Blüte ihrer Jahre entrissen worden. Arme und liebe Freundin, dein Gedenken wird mir bis zum letzten Atemzug teuer bleiben. Ich werde dich mein Leben lang vermissen, und die ewige Trauer, dich verloren zu haben, ist mein Tribut für die zarte Freundschaft, die du mir bewiesen hast während deines ganzen Lebens, meine so sehr geliebte Antoinette.
Wir führen ein sehr ruhiges Leben. Manchmal kommen die Dietrichsteins und einige Herren für Victor, aber das sind auch die einzigen Menschen, die wir sehen. Papa schreibt mir aus Königswarth und sagt mir alle Details über die neuen Arrangements, die er dort machen läßt. Paul und Maurice Esterhazy sind Victor besuchen gekommen, welcher davon entzückt war. Er findet sie sehr aimable, aber der kleine Schatz ist nicht gekommen, und das hat mich ganz melancholisch gemacht. Ida sagt mir, daß sie merkt, daß sie anfängt, ihm zu gefallen. Das könnte mich fast eifersüchtig machen, wenn nicht ein besseres Gefühl, das mein Herz beherrscht, mich davon abhielte. Sie ist so gut, sie liebt mich sehr: Wie sollte ich ihr nicht das Glück vergönnen, das sie so verdient und das sie sofort bereit wäre, mir zu opfern, mit der größten Bereitwilligkeit der Welt.

Sie scheint immer so glücklich, wenn sie zu merken glaubt, daß er mich noch liebt, und ich hätte wirklich Abscheu vor mir selbst, wenn die Präferenz, die er ihr zeigt, meine Gefühle ihr gegenüber abkühlen können. Aber ich werde ordentlich mit mir selbst kämpfen müssen, weil ich ihn wirklich sehr liebe, und wenn ich je einen anderen heirate, so nur aus Verstand und nicht mehr aus Liebe.
Ich bin ihm neulich zu Pferd begegnet, und er hat mich so hübsch gegrüßt, daß ich kaum glauben kann, daß ich ihm gleichgültig bin, obgleich das nur zu sehr der Fall ist. Oh, die Männer, die Männer!! Das ist das Leitmotiv von all unseren Liedern.

Victor Metternich an seinen Vater aus Erlau, den 15. August 1829

Ich habe wirklich Angst, daß Standenheim zu sehr zufrieden wird mit mir und dann etwas Dummes macht, das mir schadet. Gestern war es eine ununterbrochene Genugtuung, und ich muß zugeben, daß ich weit davon entfernt war, seinen Standpunkt soweit zu teilen ...
Ich bin abends selten allein, gestern hatte ich aber den Herzog allein, was zuwenig und viel zuviel ist ...
Dein zweiter Brief, lieber Papa, wurde gemeinsam gelesen und wieder gelesen, und wir haben über Herrn Huss sehr gelacht ...
Ich bin immer dabei, den Charakter Hermines zu erforschen: es ist eine bizarre Mischung von Scham, von Ehrgeiz, von übertriebenem Selbstbewußtsein und von gutem Herz. Es ist kaum möglich, zwei Schwestern zu sehen, die zusammen erzogen worden sind und sich nie trennen, die so verschieden sind.
Adieu, mein guter lieber Papa, ich schreibe Dir und sehe kaum mehr, so schwarz und schwer sind die Wolken. Bleibe gesund und bestätige es uns oft.
Frau Schaumburg geht es besser, obwohl sie noch im Bett ist.
Der Kleine entwickelt sich bestens, aber seine Kruste ist daumendick.

Victor

Léontine an ihren Vater: Erlau, 17. August 1829

Lieber Papa,
Victor ist heute zum ersten Mal im Wagen ausgefahren; er ist bis Hietzing gegangen, ohne daß es ihn im geringsten ermüdet hat.
Seit einigen Tagen hat sich auch das Fieber gelegt, denn er nimmt keine Bäder mehr, und es genügt ihm, eine halbe Stunde in der Sonne zu sein, um es nicht mehr zu bekommen. Leider ist auf einmal das Wetter schlecht, es ist wirklich desolat.
Standenheim hat dem Victor befohlen, falls er wieder ein Anfang des Schüttelfrosts verspürt, bei diesem so viel kühlerem Wetter, einen Kataplasmus von Leinsamen sich auf den Bauch zu legen. Er meinte, es würde genügen, um den Anfang des Fiebers vergehen zu lassen, aber bis jetzt hat er es noch nicht gebraucht.
Merke Dir, lieber Papa, daß wir uns sehr gut in Deiner Abwesenheit aufführen. Alle sind gesund, und wir umarmen Dich zärtlich,

Léontine

Victor Metternich an seinen Vater aus Erlau, den 18. August 1829

Heute bin ich es, der sich beauftragt, Dir über meinen Zustand zu berichten, lieber Papa.
Drei schöne Tage an der Luft und in der Sonne hatten die Rolle des Bads übernommen, und ich hatte das Glück, dem Schüttelfrost zu entgehen. Heute war der Morgen miserabel: Regen, Kälte, Wind, also alles, was ich nicht gern habe. Ich habe meinen Ofen stark anheizen lassen; aber umsonst: Mein Feind ist gekommen ...
Abends ging es besser, und ich konnte mit meinen Besuchern reden.
Ohne diese Stunde würde ich verstumpfen, denn die Tage in Erlau werden mir einmal wegen ihrer Langeweile merkwürdig erscheinen.
Standenheim kommt morgen. Er versteift sich hartnäckig darauf, die Abendstunden zu wählen, wo ich mich ausgezeichnet fühle, und meidet, morgens zu erscheinen, wo ich mich so krank wie ein Hund fühle. Er verläßt sich auf meine Eindrücke, die für alles genügen müssen ...
Im Hause geht alles gut. Wenn meine Besucher mich verlassen, spiele ich gratis écarté mit Léontine, die immer verliert.
Ich vergaß Dir zu sagen, daß ich mit Vergnügen dreimal mittags im Wagen spazierengefahren bin.
Adieu, mein guter Papa.

Victor

Hier ein »factum« in der Art der Hermine. Die gute Kleine hat damit eine sehr schwere Niederkunft gehabt.

Fürst Metternich aus Königswarth,
den 19. August 1829

Ich bin hoch erfreut über die Nachrichten, die ich von Victors Gesundheit erhalte. Das Wetter ist recht abscheulich und kann nicht zur Heilung beitragen; wenn es Victor trotzdem gutgeht, ist dies dank seiner Konstitution. Ich zweifle nicht daran, daß der kleine graue Tiran sich kein neues Heim einrichten wird und daß Victor jetzt fühlt, daß er in der Behandlung nicht so streng ist, wie er glaubte.
Wenn gegessen werden muß, erlaubt er es, und so soll es sein.
Mein Aufenthalt hier geht dem Ende zu. Wenn Ihr alle bei mir wärt, würde ich nicht an eine Abreise denken. Es ist der lebhafte Wunsch, Victor wiederzusehen, der mich drängt, nicht wenigstens bis zum Ende des Monats zu bleiben, denn es sind nicht die Geschäfte, die mich nach Wien rufen. Die Taaffes sind nach fünf Tagen des Hierseins weggefahren; ich habe den Grafen im Park jagen lassen, wo jetzt sehr viel Wild ist. Er hat nichts geschossen, denn es ist ihm nur Kahlwild gekommen, kein einziger Hirsch, und er ist zu galant, um den Damen weh zu tun! Am ersten Platz neben Graf Taaffe war der Stand eines Preußen, eines leidenschaftlichen Jägers. Alle Hirsche sind ihm gekommen, aber er hat nicht nur keinen einzigen geschossen, man hat auch nie einen Schuß gehört. Nach der Jagd hat Graf Taaffe dem Nachbarn sein Erstaunen ausgedrückt. Mein Gott, hat dieser im besten Berliner Dia-

lekt geantwortet; die starken Hirsche haben sich gerade auf 30 Schritt vor mich gestellt. Ich habe angeschlagen, aber das Gewehr hat versagt; ich nehme eine zweite Patrone, diese hat abgebrannt; nun ein drittes Mal – ich drücke – nichts geht los; ich untersuche und fand den Hahn nicht gespannt. Indessen waren die starken Hirsche davongerannt! – Nur ein russischer General hat einen kapitalen Hirsch geschossen. Der hatte gespannt.

Jeden Tag habe ich acht bis zehn Personen, die zum Diner aus allen Ecken der Welt herkommen. Der Graf von Bray hat fünf Tage hier verbracht. Die Maltzahns sind aus Karlsbad gekommen. Morgen erwarte ich die Windisch-Graetz aus Tachau. Louise Schönburg diniert hier zwei- oder dreimal in der Woche. Du siehst also, daß ich nicht vereinsamt bin, sondern oft mehr Gesellschaft habe, als ich wünschen würde. Gentz ist ein Schmetterling inmitten dieses Damenflors, und ich sehe nicht, daß man ihn als Raupe behandelt.

Wenn Du hier wärst und die ganze Familie, wäre ich sehr glücklich und würde noch unbestimmt lange bleiben. Seitdem Riedl hier ist, tun wir nichts als Bäume schlagen. Sie fallen wie Hagel, und jeder Fall ist für uns die Eroberung einer charmanten Aussicht. Ich habe es Dir schon gesagt und kann es nur wiederholen, daß Du Königswarth nicht wiedererkennen würdest, es ist eine ganz neue Schöpfung und wird den größten und schönsten Park Böhmens und manch anderer Länder haben. Das Ganze wird ein Vorteil für die Wirtschaft sein, die sicher einige tausend Zentner mehr gutes Heu zur Verfügung bekommt. Die Schafe werden die Kosten des Betriebs reichlich bezahlen. Das ist einer der Vorteile, die man nur am Land haben kann – wo der Bauer mehr als sein Gewicht in Gold wert ist.

Das Wetter ist schon wieder regnerisch, und das allein macht mich traurig.

Adieu, meine gute liebe Léontine. Umarme alle Kinder und sage Mlle. Tardiveau herzliche Grüße. Sage Mme. Schaumburg, daß ich so froh bin, sie wiederhergestellt zu wissen. Der Kleine braucht ihre Gesundheit sehr notwendig.

Adieu, mein liebes Kind

Ich reise Sonntag den 23. von hier ab, und zwar über Carlsbad, um den Prinzen von Reuss und den Fürsten Arenberg zu sehen. Ersterer ist immer noch in sehr schlechtem Zustand, und die Ärzte zweifeln an seiner Rettung. Er scheint einen Abszeß in der Lunge zu haben und ist außerdem herzkrank. Fürst Arenberg hatte einen brandigen Rotlauf am Rücken, erholt sich aber davon. Am 24. bin ich in Plass für das Diner, und von dort teile ich Dir dann mit, wann ich nach Wien komme, es wird zwischen 2. und 4. September sein.

19. August
Es ist mir gestern etwas recht Merkwürdiges passiert. Als ich im Garten promenierte, habe ich auf einmal die Idee gehabt, daß, sollte ich Nicki heiraten, ich ein vierblättriges Kleeblatt finden würde, und kaum hatte ich meinen Gedanken zu Ende gedacht, als ich eins mit vier und noch zwei mit fünf Blättern fand. Dann wollte ich ein markanteres Zeichen finden, und schon hatte ich eins mit sechs Blättern gesehen. Ich konnte nicht anders, als es recht merkwürdig zu finden, und noch mehr, als ich zurückkam und man mir sagte, daß Nicki soeben angekommen wäre. Victor war entzückt von ihm und hat mich sogar forciert, eine Visite der Fanny zu machen, wo ich sehr gut empfangen wurde. Ich habe auch die Gräfin sehen müssen. Wie streng diese Frau mir vorkommt, ich hätte vor ihr eine Mordsangst.

20. August
Welcher Tag, der heutige!
Wie glücklich war ich! In der Früh ging ich zu Charlotte, was mich sehr freute, dann habe ich einen Brief von Ida bekommen, und dann nach dem Diner bin ich promenieren gegangen in Hietzing mit der Gräfin Fuchs. Unterwegs begehrte ich sehr, Nicki zu sehen, als er plötzlich an unserem Wagen vorbeiritt. Ich habe kaum Zeit gehabt ihn zu sehen, und war daher angenehm überrascht, als ich ihn wieder während der Promenade in Hietzing sah. Ich sprach

mit ihm, er ritt dann weiter, aber kurz danach kam er im Schritt auf die große Straße zurück, und es schien mir, daß er mich die ganze Zeit anschaute, weil er sich immer in meine Richtung drehte.
Er kam bis zur Stelle, wo der Weg anfängt, und dann kam er zu Fuß uns entgegen, und wir gingen ein gutes Stück zusammen. Als ich in den Wagen stieg, ist er fortwährend neben uns galoppiert und hat uns so bis zur Schönbrunner-Brücke begleitet.
Wie glücklich war ich! Ich kann es nicht genug sagen. Einmal habe ich mir eine kleine Koketterie erlaubt, als Nicki etwas verweilte, indem er uns nachritt, habe ich mich zurückgedreht und sah ihn an, er kam uns dann auch geschwind nach. Ich glaube, daß Tardiveau etwas vermutet oder daß Gräfin Fuchs ihr was gesagt hat, weil sie mit mir immer zankt, wenn ein Herr mich anspricht, und diesmal hat sie nicht einmal den Mund aufgetan.

Léontine an ihren Vater: 22. August 1829 – Erlau

Lieber Papa,
nach dem letzten Brief von Gentz an Mercy scheint es, daß Du heute Königswarth verläßt und zu uns am 7. September zurückkommst. Victor möchte einige Tage vor Deiner Ankunft in die Stadt zurückkehren, da weder das Wetter noch der Aufenthalt in Erlau angenehm genug sind, um uns am Lande länger bleiben lassen zu wollen. Victor geht es weiter gut. Nach Standenheims Befehl hat er sein Zimmer heizen lassen, und der Kataplasmus auf dem Bauch tut ihm gut, so daß er dank dieser beiden Mittel den plötzlichen Temperaturwechsel nicht so empfindet ...
Frau Schaumburg geht es wieder besser, sie fängt an spazierenzugehen. Richard und wir sind alle gesund. Adieu, mein allerliebster Papa. Ich liebe Dich und umarme Dich zärtlich

Léontine

Victor Metternich an seinen Vater aus Erlau, den 24. August 1829

Wir haben beschlossen, am Montag 31. August in die Stadt zurückzufahren. Somit findest Du uns alle schon eingerichtet.

Es ist viel besser für Dich und für uns. Das schöne Wetter ist zwar wiedergekommen, aber wenn es acht Tage dauert, haben wir Glück, und auch dann sind die frühen Stunden und die Abende sehr kühl. Man sieht bereits die Herbstnebel. Die Kinder hatten genug von Erlau, und meinerseits, nach einem guten Tag, der mir wohl tut, kommen zwei der drei anderen, die mich genausoweit zurücksetzen. Ich kann nur den Salon heizen, und der Ofen stinkt – an solchen Tagen kann ich mich kaum bewegen, weil alles eisig ist um mein Zimmer herum, und danach habe ich einen dicken Kopf und fühle mich wie ausgetrocknet.

Es geht alles nicht so gut, wie ich es mir wünschen würde.

...

Standenheim nennt alles »einen Krampf«, aber wo hat man nur einen Krampf gesehen, der diese Art von Kälte, Hitze und Schweißausbruch annimmt und sieben Monate dauert!

...

Victor

Fürst Metternich aus Plass, den 25. August 1829

Hier bin ich nun an diesem Ort der Ruinen und Trauer. Wenn man von Königswarth nach Plass kommt, hat man das Gefühl, in einem Tag um zehn Jahre gealtert zu sein. Dort ist alles im Werden, hier sind nur Trümmer. Ich hätte wahrlich keine bessere Wahl treffen können, um die sterblichen Reste der Familienmitglieder hier zur letzten Ruhe zu legen. Denn kein Lebender möchte hier wohnen, und die einzige, den Umständen angemessene Wohnung ist die, die uns alle erwartet und die wir mit Gottes Hilfe so spät wie möglich beziehen werden.
Die Kirche, wo sich die Gruft befindet, ist ganz fertig; sie ist sehr gut, und ich behaupte sogar, daß sie nicht besser sein könnte. Ich habe heute früh eine Messe lesen lassen, es war der erste Besuch, den ich dort machte, und Gott weiß, was ich empfunden habe.
Die Eisenwerke sind sehr schön und sicher das Vollendetste, das man in dieser Art haben kann. Es besteht jetzt kein Zweifel mehr, daß das Unternehmen bestens geht. Das Eisen ist sehr gut, viel besser als das aller anderen Betriebe in diesem Teil Böhmens. Du hast nie einen Hochofen gesehen, noch eine große Schmiede. Die Arbeit, die Tag und Nacht weitergeht, ähnelt der der Titanen. Ein Feuer wie in der Hölle, Flammen, die überall heraussprühen; der Lärm der Blasebälge ist wie der eines furchtbaren Sturms; Hämmer, die drei Zentner wiegen und ohne Unterlaß auf die Ambosse fallen, und das Rauschen des Wassers auf den Mühlrä-

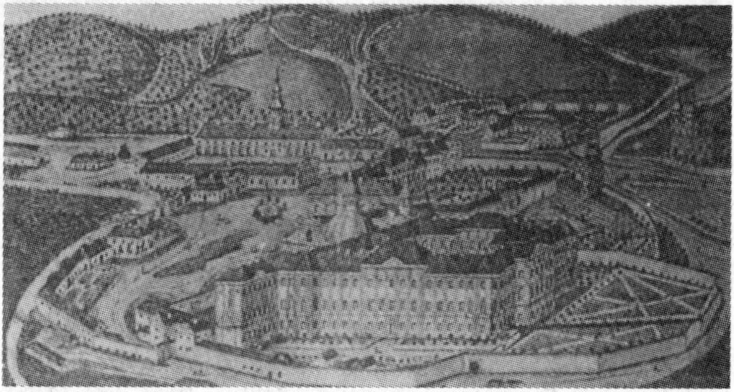

Schloß und Kloster Plass

dern, 100 schwarze Männer, die Riesenmengen rotglühendes Eisen tragen – das Ganze schaut wie die Behausung Plutos aus.

Wenige Dinge sind für den menschlichen Geist ehrenvoller als diese großen Maschinen, und wenn man denkt, daß ohne sie die Gesellschaft auf Grundbedürfnisse verzichten müßte und in einen primitiven Urzustand zurückfallen würde, muß man die Erfinder hochhalten.

Inmitten der Ruinen und Neuschöpfungen von Plass kann eine sonderbare Persönlichkeit beobachtet werden – Herr von Gentz. Er schwankt hier zwischen Verzweiflung und Wut. Ersteres Gefühl hängt ganz mit kleinen Dingen zusammen, das andere wird von großen hervorgerufen. Du weißt, wie kahl unsere Wohnung ist und wie sie jeglichen Komforts entbehrt. Große weiße Zimmer, Säle, Räume, die infolge ihrer Leere stark widerhallen – das alles bringt ihn zur Ver-

zweiflung. Ich habe ihm das kleine Loch zugewiesen, wo Du das letzte Mal, als Du mit mir hier warst, gewohnt hast; er will nicht mehr herkommen. Dies also für die Verzweiflung. Seine Wut richtet sich gegen alles, was er an meinen Ideen als höllisch bezeichnet: die großen fauchenden und klopfenden Maschinen, diesen Sabbat einer anderen Welt; die schwarzen Männer, mit einem Wort, alles, was nützlich ist, bringt ihn zur Wut. Dazu kommt noch, daß alles ihm Angst macht, und Du wirst begreifen, daß er Plass mit dem Tartarus verwechseln muß. Er wird Dir was Schönes erzählen.

Gestern habe ich bei der Ankunft Deinen Brief vom 22. erhalten Ich brauche Dir nicht zu sagen, wie glücklich ich über die guten Nachrichten von Victor bin. Ich begrüße sehr Deine Idee, daß Ihr Euch schon vor meiner Ankunft nach Wien begebt. Ich werde Euch mit Freuden dort finden und auf diese Weise nicht nach Erlau fahren müssen. Versucht alles, wenn der Arzt nichts dagegen hat, um den 1. September zu übersiedeln. Richard kann schon gleich in seine neue Wohnung einziehen. Frage Jäger, ob er nicht glaubt, daß es besser wäre, Sophie zu lassen, wo sie ist; der Kleine hätte dann die zwei neuen Zimmer; die einzige Erwägung, die dagegen sprechen könnte, wäre die, daß es Jäger vielleicht lieber ist, daß er nicht in einem neuen Zimmer schlafe. Er soll entscheiden, wie er will und wie er es als Arzt richtig findet.

Ich bitte Dich, liebe Léontine, der charmanten Adèle meine Glückwünsche zu sagen; wenig Entschlüsse

machen mir mehr Freude als der ihre; da ich nicht möchte, daß Du Herrn von Sterk heiratest, noch auch, daß Victor Adèle als Braut habe, finde ich, daß die guten Leute nichts Besseres tun könnten, als sich zu vermählen. Adèle wird Graz entzücken, und Graz wird ihr gefallen; diese ganze Idee ist ausgezeichnet.
Ich hatte meinen Brief bis zu dieser Stelle geschrieben, führe ihn aber nach meinem Abendspaziergang noch weiter:
Ich komme von der Gießerei, wo jeden Abend der Schmelzofen um 17 Uhr aufgemacht wird. Es liegen schon eine Menge Bestellungen vor, und heute hat man große Arbeiten für eine Fabrik gemacht, ich weiß nicht, wo diese ist. Der Anblick ist so gut wie ein Feuerwerk. Vorläufig ist nur ein Hammer in Gang, er heißt Victorhammer. Der zweite bekommt Deinen Namen – da es sechs werden sollen, kommt die ganze Familie dran! Der große Schmelzofen heißt die St.-Clemens-Hütte. Victor macht schon einen solchen Lärm, wenn die ganze Familie im Chor arbeitet, wird es nicht zum Aushalten sein.
Adieu, mein gutes liebes Kind. Ich umarme Dich, wie ich Dich liebe, und tue dies für Euch alle. Sage Hermine, daß mein erster Brief für sie sein wird. Tausend Grüße an Mlle. Tardiveau.

Léontine an ihren Vater: 28. August 1829 – Wien

Durch ein Mißverständnis hat keiner von uns gestern geschrieben, mein lieber Papa, so daß wir befürchten, Du könntest besorgt sein, da die letzten Nachrichten von Victor nicht so gut waren wie die vorherigen. Seitdem wir in Wien sind, das heißt seit zwei Tagen, geht es dem Victor auf einmal besser; gestern ist er zwei Stunden im Volksgarten spazierengegangen, was ihm gutgetan hat, die Nacht heute war gut, und Standenheim ist zufrieden.

Er hat dem Victor wieder die Bäder verordnet, da er der Meinung war, daß die Kataplasmen nicht eine so allgemeine Wirkung hätten wie die Bäder. Er ist überzeugt, daß der Schüttelfrost nicht 31 Grad Hitze widerstehen wird, dazu wird das Zimmer auch noch geheizt. Jetzt hat Victor ein neues Régime angefangen, er nimmt ein Mineralwasser, das Johannisbrunnen heißt und eine Art Selterswasser ist, gemischt mit Kuhmilch. Er trinkt das den ganzen Tag, und abends trinkt er ein großes Glas Eselsmilch; seit einigen Tagen hat Standenheim ihm Fleisch verboten, aber ich glaube, daß er nächste Woche wagen wird, es wieder zu essen.

Richard ist sehr gut in seinen Zimmern eingerichtet. Jäger läßt ihn im grünen Zimmer schlafen und die Frauen in dem von Sophie, durch welches man geht, um zu Richard zu gelangen, da Jäger die Tür zum großen Zimmer zumachen ließ, wegen Durchzüge. Sophie ist im zweiten Zimmer, so sind sie alle gut instal-

liert. Hermine freut sich auf Deinen Brief und ist schon ganz stolz darauf.

Adieu, mein lieber und guter Papa, ich befürchte, daß mein Brief Dich nicht mehr erreicht. Ich kann Dir nicht genug sagen, wie sehr ich mich freue, Dich wiederzusehen; es scheint mir ein Jahrhundert zu sein, seitdem Du uns verlassen hast.

Adieu,
Léontine

Victor Metternich aus Wien an seinen Vater, den 30. August 1829

Mercy teilt mir mit, daß ein Kurier gleich losgeht, so benutze ich die Gelegenheit, um Dir noch vor Deiner Rückkehr gute Nachrichten von mir zu übermitteln. Ich bin wieder bei dem Régime der Bäder und der Milch, verdünnt mit Johannisbrunnenwasser, und befinde mich gut dabei ...
Ich habe gestern Deinen Brief vom 26. bekommen und wäre noch viel zufriedener, wenn ich von Dir die Einzelheiten über Deine Fahrt erfahre. Die, die Du schon gibst, haben mich sehr gefreut ...
Wir erwarten Dich hier am 4., mein lieber Papa, und am 5., wenn Du vorher bei dem Kaiser vorbeigehst, wie man es uns sagt.

Adieu, und laß uns nicht Deiner harren.
Meine Schwestern umarmen Dich. Dem Kleinen geht es gut.

Victor

15. September
Bei Tatitcheffs war ein Feuerwerk zu Ehren des Geburtstags von Helene Apraxin. Allerdings langweile ich mich überall, wo Nicki nicht ist, obgleich ich weiß, daß ich ihm gleichgültig bin und daß er die Fürstin Ligne liebt. Adèle hat es mir gesagt. Aber trotzdem und trotz aller Versuche, daß er mir gleichgültig wird, gelingt es mir nicht. Er hat für mich einen unwiderstehlichen Charme und wenn er wollte, würde er in mir eine Frau finden, die ihn bewundert und die tausendmal ihr Leben für ihn geben würde. Aber ich soll in dieser Welt nicht glücklich werden.

25. September
Abends bei Zichy spielte Stepherl Szechenyi die Sentimentale, ohne dabei interessant zu werden. Man sagt, sie hätte eine Passion für Carl Zichy. Welche Mühe hatte ich mir nicht gegeben, um Nicki zu vergessen, und oft glaubte ich, es erreicht zu haben, um dann bei der ersten Gelegenheit zu sehen, daß ich immer noch Feuer und Flamme für ihn war. Ida glaubte, daß er mir gleichgültig geworden war, aber wie irrte sie sich!
Nun ist endgültig der kleine Vampir aus meinem Herzen entrissen, und ich habe ihn ganz vergessen. Ich fühle, daß er mir gleichgültig geworden ist, und ich bin entzückt, denn es war erniedrigend, immerfort an einen zu denken, der sich nicht mit mir beschäftigt.

Gräfin Szechenyi-Seilern

26. September
Maurice D. ist hier seit einiger Zeit. Er gefällt mir gut mit seinem Gesicht und seinen Manieren, und dann liebt er Victor sehr, was ein gutes Mittel ist, meine Eroberung zu machen. Ida sagte mir, daß es

geschehen wird, aber ich glaube es nicht, obgleich ich weiß, daß er mich hübsch findet, weil er es mir mehrmals gesagt hat. Im allgemeinen, wo er kann, macht er mir Komplimente, aber das ist vielleicht nur Freundschaft, und er kommt mir auch ein wenig als »Phraseur« vor. Ich sehe ihn allerdings jeden Tag, so daß niemand mehr in der Lage wäre, mir die Cour zu machen.

3. Oktober

Welcher Tag, der heutige!

Victor ist sehr krank und hat sogar gebeten, versehen zu werden! Welche lugubre Zeremonie! Wir haben uns alle in seinem Zimmer versammelt, und auf den Knien flehen wir zu Gott, ihn uns erhalten zu wollen. Obzwar ich ihn nicht so schlecht finde und die Vorahnung habe, daß er sich davon erholen wird. Maurice war bewundernswert und benahm sich so, wie der zärtlichste Sohn es tun konnte. Welch Unterschied mit Sepi! Er kam uns besuchen, und nachdem er gesehen hatte, wie wir vor Trauer vergingen, verließ er uns, um ins Theater zu gehen und dann zu einem Fest am Grünberg. Die Liebe macht ihn gleichgültig gegen alles, und Maurice dafür ist ganz Herz. Man sieht, daß Victor der Mittelpunkt und das Ziel seiner Gefühle ist und daß alles, was Victor berührt, ihm teuer ist und von ihm geachtet wird. Gott erhalte uns diesen geliebten Bruder, alle meine Gedanken wenden sich im Gebet, um nur diese eine Bitte zu erflehen. Sind wir nicht schon genug geprüft worden, und ist nicht das Schwert des Schmerzes müde, uns zu schlagen?

6. Oktober
Victor ist immer noch leidend. Er ist sehr schwach und zutiefst niedergeschlagen. Obzwar die Doktoren sagen, daß es ihm so gut wie möglich geht. Ich möchte es nur glauben, aber im Grunde habe ich wenig Hoffnung, daß er sich erholt. Mein Gott, welches entsetzliche Unglück, und wie sollten wir es tragen! Ich kann nicht daran denken und bin überzeugt, daß er sich selber schlecht fühlt und wenig auf Genesung hofft.

9. Oktober
Victor geht es etwas besser, obgleich wir noch nicht über seinen Zustand beruhigt sind, weil man immer böse Folgen seiner Krankheit erwarten kann. Ich traue es mir selber kaum einzugestehen, aber ich habe im Grunde wenig Hoffnung. Es kommt mir vor, daß seine Brustkrankheit sich zum Bösen entwickelt.

Das Tagebuch bricht hier jäh ab.

Die österreichische Botschafterin in St. Petersburg, Gräfin Ficquelmont, schrieb in ihrem Tagebuch am 6. Dezember 1829:

»Wir erfahren soeben von dem Tod von Victor Metternich am 30. November! So jung und mit so viel Geist, so vielen Möglichkeiten und mit einer so vielversprechenden Zukunft!

Fürst Metternich aus Wien, 16. Dezember 1829

Mein lieber Neumann,
ich habe die Gewißheit, daß Sie eine so innige Anteilnahme an meinem letzten Unglück empfinden, daß ich mich gezwungen fühle, mit Ihnen über dessen Gegenwärtigkeit und Ausmaß zu sprechen.
Ich habe in meinem Sohn den letzten wirklichen Anreiz meines Lebens verloren. Er blieb mir noch zu verlieren, und ich konnte dem nicht entgehen. Die letzten Wochen der Existenz Victors waren für mich nichts als eine verlängerte Agonie.
Als das Ereignis vollbracht war, mußte ich mich erleichtert fühlen, und der Kranke selber, dessen wahrhaft heroische Seelenstärke ihn auch nicht bis zum letzten Atemzug verließ, empfand dies auch so stark, daß er am Vorabend seines Todes mit engelhafter Ruhe mir sagte: Bald werden wir zwei uns erleichtert finden!
Ich habe den Schmerz gehabt, dem Sterben vieler beizuwohnen; ich habe aber noch niemand von diesem Leben zum nächsten gehen gesehen, wie mein armer Sohn es tat.
Alles, was die Seele an Reinheit, der Geist an Klarheit, der Charakter an Stärke, was die Religion als Friede und das Gewissen als Trost und Zuversicht geben können, war ihm zuteil geworden. Er hat sich von jedem Menschen, der ihn in den letzten Tagen umgab, verabschiedet wie ein Freund, der sich auf eine lange Reise begibt. Meine Eindrücke wurden auch von den Anwe-

senden geteilt, auch die Ärzte und die Priester beurteilten es wie ich.
Der Teil meines Lebens, der mir nach dem grausamen Verlust Anfang des Jahres noch geblieben war, wurde mir noch vor dem Ende dieses schrecklichen Jahres genommen.

... Adieu in Freundschaft
Metternich

Anhang

Kurzbiographie Fürst Clemens Wenzel von Metternich-Winneburg

Geboren in Koblenz am Münzplatz am 15. Mai 1773.
Universitätsstudium in Straßburg 1788–90 unter einem späteren Jakobiner.
Studien und diplomatische Praxis in Frankfurt und Brüssel 1790–95.
Heiratet im September 1795 zu Austerlitz in erster Ehe Eleonore Prinzessin Kaunitz, die Enkelin des Staatskanzlers der Kaiserin Maria-Theresia. Kinder: Marie, geb. 17.1.1797, gest. 20.7.1820 – Franz, geb. 21.11.1798, gest. 3.12.1799 – Clemens, geb. 10.6.1799, gest. 15.6.1799 – Victor, geb. 15.1.1803, gest. 30.11.1829 – unehelicher Sohn: Baron Roger Aldenburg, der von seinem Großvater erzogen wurde und bei der Familie blieb.
Clementine, geb. 30.8.1804, gest. 6.5.1820 – Léontine, geb. 18.6.1811, gest. 16.11.1861, heiratete Graf Sandor, eine Tochter: Pauline – Hermine, geb. 1.9.1815, gest. 1890.
1796 Studien in Wien, 1797–99 Delegierter am Kongreß von Rastatt.
1801–03 Kaiserlicher Gesandter am sächsischen Hof.
1803–06 Kaiserlicher Gesandter am preußischen Hof.
1806–09 Kaiserlicher Botschafter bei Napoleon.

1809 Staats- und Außenminister.
1812 Kurator der Akademie der Bildenden Künste.
18.10.1813 Völkerschlacht von Leipzig.
1814–15 Der Wiener Kongreß stellt den Frieden Europas wieder her und begründet für Jahrzehnte den Ruf Metternichs.
1818 Aachener Kongreß; 1820 Kongreß von Troppau; 1821 Kongreß von Laibach. »Die kleinen Kongresse haben mehr Probleme verarbeitet als der von Wien.« (Brighton, 15. Februar 1849, Metternich an Sir Travers Twiss)
1821 Hof- und Staatskanzler.
1822 Kongreß von Verona, gefolgt vom Monarchentreffen in Venedig, wo Rossini die Premiere seiner »Semiramis« gibt – Motiv mit dem Lieblingslied des Fürsten »Freut euch des Lebens«.
Am 5. November 1827 heiratet der Witwer Metternich manchen zum Trotz und einigen zum Leid Antonie Leykam. In diese neubegründete Harmonie fällt aber die große Politik mit einem Paukenschlag: die Vernichtung der türkisch-ägyptischen Flotte im Hafen von Navarino durch die vereinigten britisch-französisch-russischen Geschwader, die damit auch Metternichs orientalische Friedenspolitik trifft. Ein Kurier aus Triest bringt die Nachricht gerade zum Hochzeits-Dejeuner. Und schadenfroh bemerkt sein alter Partner, der russische Außenminister Nesselrode: »Was wird unser Freund Metternich nun sagen? Er wird seine langweiligen Grundsätze verkünden und wieder vom Recht reden – es lebe die Gewalt, sie regiert heute die Welt!«
Sohn: Richard, geb. 7.1.1829, gest. 1.3.1895, späterer Botschafter in Paris bei Napoleon III., heiratete seine Halbnichte Pauline Sandor.
1829 Tod von Antonie Leykam. 1831 dritte Ehe mit Mélanie Zichy-Ferraris. Kinder: Mélanie, geb. 27.2.1832, gest. 16.11.1919 – Clemens, geb. 27.4.1833, gest. 10.6.1833 –

Paul, geb. 14.10.1834, gest. 6.2.1906 – Lothar, geb. 12.9.1837, gest. 2.10.1904
1843 Ehrenpräsident der Römischen Archäologischen Gesellschaft.
1846 Begründer der Akademie der Wissenschaften in Wien.
1848 Sturz Metternichs.
1848–49 Exil in England. »Spectateur de Londres« von ihm ins Leben gerufen.
1849–51 Exil in Brüssel, wo er engen Kontakt mit König Leopold pflegt. (Breycha-Vauthier: »Metternich à Bruxelles – Lettres inédites«, in: »Revue Générale Belge«, Oktober 1957.)
1851 Rückkehr in die Heimat: »Der Beobachter in der Loge.«
1859, in den letzten Wochen vor seinem Tod, beauftragt ihn der junge Kaiser Franz Joseph, der bei Ausbruch des Krieges mit Frankreich und Piemont zur Armee eilte, damit, Österreich aus der Isolierung, in die es seine Nachfolger manövriert hatten, wieder herauszuführen. Er ist mit diesem Versuch gescheitert und stirbt am 11. Juni 1859: »Die Uhr Europas ist zerschlagen.« (Hebbel)

Index

Alphabetischer Index der in Léontines Tagebuch erwähnten Persönlichkeiten

Abrantès (Herzogin von) und *Madame Junot* siehe *Permond*, Laure

Aldenburg, Baron Roger, (geboren 21.10.1827 – gestorben in Wien 1906). Unehelicher Sohn von Victor Prinz Metternich und Marquise Henriette de Castries.
23.4.1854 wurde er in den österreichischen Staatsdienst aufgenommen und der Botschaft in London zugeteilt. (Außenminister Graf Buol schrieb dem Kaiser: »Der junge Baron Aldenburg, dessen Verhältnis zur fürstlichen Familie Metternich Euer Majestät bekannt ist ...«) Kurz darauf wurde er Geheimer Rat.
Er war ein treuer Begleiter der Familie Metternich in guten wie in schlechten Tagen und starb unvermählt, seine Erbschaft und seine französischen Erinnerungen an den Herzog Fitz-James (Onkel mütterlicherseits) den Metternichs hinterlassend.
Er liegt in der Familiengruft in Plass.

Batthany
Graf Vinzenz Batthany (1772–1827) k.k. Kämmerer, Geheimer Rat, Vizepräsident der Hofkammer, vermählt 1801 mit Josephine von Rudnyak (1778–1847).
Kinder:

1. Aglae (1805–1859), vermählt 1834 mit Graf Johann Bat-thany (1784–1865).
2. Aurora (1806–1881), vermählt 1831 mit Friedrich Prinz von Thurn und Taxis (1799–1837).
3. Isaura (*1809).
4. Athenaise (*1811).
5. Irene (1811–1899), vermählt mit Clemens Graf von Schönborn-Wiesentheid (1810–1877).
6. Arthur (1813–1893), vermählt 1849 mit Julie Gräfin Apraxine.
7. Hermine (*1815), vermählt 1840 mit Philipp Franz, Frei-herr Stillfried-Ratonitz.

Bayern, Karl Theodor von (1724–1799), 1733 Pfalzgraf von Sulzbach, 1742 Kurfürst von der Pfalz, 1777 Kurfürst von Bayern (Erbe durch Aussterben anderer Linien).
Vermählt 1: 1742 mit Prinzessin Marie Elisabeth von Sulz-bach (1721–1794). 1 Sohn Franz: 28/29.6.1761.
Vermählt 2: 1795 mit Marie Leopoldine Erzherzogin von Österreich-Modena (1776–1848), Tochter des Erzherzogs Ferdinand von Österreich und der Marie Beatrix von Este, Herzogin von Modena.
Die verwitwete Kurfürstin heiratete 1804 den Grafen Lud-wig Arco (1773–1854).

Braunschweig, Herzog von
Herzog Karl II., Wilhelm von Braunschweig-Wolfenbüttel. (* 9.10.1735, gefallen gegen die Franzosen am 10.11.1806 in der Schlacht von Auerstädt.)
Vermählt 1764 mit Auguste, Prinzessin von Großbritannien (1737–1813), die eine Tochter des Frederick, Prince of Wales, und Enkelin König Georgs II. war.
Sein Sohn, Herzog Friedrich Wilhelm (* 9.10.1771), fiel in der Schlacht von Quatre Bras-Waterloo am 16.6.1815.

Er war seit 1802 mit Marie Prinzessin von Baden vermählt und hinterließ zwei Söhne:
Karl III. (30.10.1804–18.8.1873), seit 1830 als regierungsunfähig abgesetzt.
Wilhelm (25.4.1806–18.10.1884).

Bray, François-Gabriel Comte de (1775–1832), Franzose und Ritter des Malteserordens ab 1783, wird 1784 Ordensgesandter am Kongreß von Rastatt, emigrierte nach der Revolution und trat später in die Dienste Bayerns, dessen Vertreter er in Berlin, Petersburg und Wien wurde.
Als wissenschaftlicher Schriftsteller publizierte er u a.: »Reise in den Salinen von Salzburg und Reichenhall« und »Kritische Studien zur Livonischen Geschichte«.
Vermählt 1805 mit Baronin Sophie Löwenstern (1788 bis 1855).
(Nachkommen: de Bray, Rechberg, Maltzahn, Thurn, Goess u. a.)

Brugnoly, Amalie Brugnoli-Samengo, die 1824–1828 am Kärntnertortheater engagiert war.

Buol Schauenstein, Karl Ferdinand Graf von (1797–1865), vermählt 1830 mit Caroline Prinzessin Isenburg-Birstein (1809–1861). Österreichischer Diplomat, Botschafter in St. Petersburg 1848, wo er sich besonders bewährte, 1851 Botschafter in London, wo er ein gutes Verhältnis zu England anbahnte; 1852 nach dem Tod des Fürsten Felix Schwarzenberg Minister des kaiserlichen Hauses und des Äußeren, Präsident der Minister-Konferenzen. Er versuchte durch Mäßigung ein friedliches Verhältnis nach allen Seiten zu bewahren, was im Krimkrieg zu einer Isolierung und Schwächung Österreichs führte. 1859 wurde er seines Postens enthoben.

Castries, Claire Clémence, Henriette de Maillé Marquise de, * 1785.
Die »Marquise« von Victor genoß keinen guten Ruf. Graf Appony beschrieb sie in seinen Memoiren als »fern von einer Schönheit und wenig distinguierten Manieren«. Andere sagten, sie hätte »den Charme und die Leichtfertigkeit der Stuart«. Sie war sieben Jahre älter als Victor Metternich, der ihr bis zu seinem frühen Tode treu blieb.
Der Sohn dieser Verbindung wurde vom Kaiser Baron Altenburg genannt. Er starb 1906 und hinterließ sein Vermögen den Metternichs.
Balzac soll sie zum Vorbild für seine »Duchesse de Langeais« genommen haben und ihr sehr die sieben Jahre dauernde Verbindung mit Victor Metternich verübelt haben.

Caraman, Charles Louis Victor de Riquet Duc de (1762–1839), Sohn des Victor Maurice, Graf Caraman. Emigriert nach Preußen, lebte er lange in Berlin und erzog dort seine Kinder.
Nach der Restauration wurde er französischer Botschafter in Wien, und Mitglied des Obersten Hauses (Chambre des Pairs).
Charles Louis hatte 1785 Josefine Gräfin Merode-Westerloo (1765–1824) geheiratet. Sie hatten zwei Söhne:
Victor Maurice (1786–1837), Aide de Camp von Prinz Louis Ferdinand von Preußen, gefangen bei Jena, wurde er Aide de Camp von Napoleon, und starb an Cholera bei der Belagerung von Constantine. Er hatte 1810 Marie Anne de Riquet de Caraman geheiratet (1792–1823). Sie sind die Vorfahren der jetzigen Herzöge von Caraman.
Adolphe.

Clanwilliam, Richard = Richard Meade, dritter Earl of Clanwilliam (1795–1879), Sohn des zweiten Earl und der Gräfin Caroline Thun und Brude.

Er hatte zwei Schwestern:
Lady Caroline Meade, vermählt 1811 mit Paul Graf Szechenyi. Sie starb 1820. Ihr Sohn Anton (Anton-Pal wurde er in der Familie genannt) war zuletzt österreichischer Husaren-General und kämpfte in Syrien und Palästina. Er starb an der Pest in Damaskus (28.2.1841). Der Witwer vermählte sich 1823 mit Emilie, Gräfin Zichy-Ferraris, Schwester der späteren Fürstin Mélanie Metternich.
Lady Selina Meade (*1795), vermählt 1821 mit Graf Karl Clam Martinic, Generaladjutant des Kaisers (1792–1840).

Clanwilliam, war in Wien, weil seine Mutter eine geborene Thun und seine Schwestern mit Graf Szechenyi und Graf Clam Martinic verheiratet waren.

Clary, Karl Fürst (1777–1831), verheiratet mit Gräfin Louise Chotek (1777–1864).
Kinder:
1. Gräfin Mathilde (1806–1896), verheiratet mit Fürst Wilhelm Radziwill (1797–1870).
2. Gräfin Euphémie (1808–1867) unverheiratet.
3. Gräfin Léontine (*1811), verheiratet 1832 mit Fürst Boguslav Radziwill (1809–1873).
4. Graf Edmund (1813–1895), verheiratet 1841 mit Elisalex Gräfin Ficquelmont (1825–1878).
5. Gräfin Félicie (1815–1902), verheiratet 1845 mit Robert Altgraf von Salm-Reifferscheidt-Raitz (1804–1875):

Cowley, Lady, Botschafterin, verheiratet mit The Hon. Henry Wellesley, jüngerer Sohn des ersten Earl of Mornington und Bruder des ersten Herzogs von Wellington. Er wurde zum Baron Cowley gemacht und war Botschafter in Österreich 1823–1831.
In erster Ehe verheiratet mit Lady Charlotte, Tochter des er-

sten Earl of Cadogan. Geschieden 1810. (Lady Charlotte heiratete dann den ersten Marquess of Anglesey.)
In zweiter Ehe verheiratet 1816 mit Lady Georgina Cecil, Tochter des ersten Marquess of Salisbury. † 1860.
Kinder aus erster Ehe:
1. Henry Richard (1804–1884), erster Earl Cowley, Botschafter zum Kaiser der Franzosen 1852–1867.
2. William (1806–1875).
3. Gerald (1809–1882).
4. Charlotte (1810–1891) verheiratet 1831 mit dem Hon. Robert Grosvenor (später Lord Ebury). (Fünf Söhne.)

Czerny, Karl, geboren in Wien 1791 als Sohn des böhmischen Klavierlehrers Wenzel Czerny, machte seine Studien unter Beethoven und Clementis. Er war ein angesehener Künstler und fruchtbarer Komponist. Er war Haupt der Wiener Klavierschule, in der Liszt, Thalberg, Döhner und Kullak ausgebildet wurden. Er starb 1857.

Dahlheim = Thalberg.
Unehelicher Sohn Dietrichsteins und berühmter Pianist.

Dietrichstein, Julie (1807–1883), Tochter des Grafen Moritz, Obersthofmeister der Kaiserin und der Gräfin Thérèse Gilleis.
Vermählt 1831 mit Fürst Karl Oettingen-Wallerstein (1796–1871).
Graf Moritz Dietrichstein hatte einen Sohn, Graf Moritz Dietrichstein (1801–1852), der Botschafter in London war und sich 1842 mit Gräfin Sophie Potocka (1820–1887) vermählte. Sie war die Schwester der Gräfin Julie Potocka (1818–1895), die sich 1841 mit Prinz Franz von Liechtenstein (1802–1887) vermählte.

Die drei Gefangenen, Lustspiel von Dupaty, Burgtheater 17.12.1825.

Zu dieser Zeit sind zwei Sänger namens David (Davide) am Kärntnertortheater engagiert: Giovanni und Antonio Giacopo.

Dorbach = Dornbach – ein Schloß im Wienerwald, erbaut und Eigentum von Feldmarschall Graf Lacy (1725–1801). Er vermachte den Besitz dem Fürsten Schwarzenberg.

Eckmühl, Prince d', der 1770 geborene französische Maréchal Davout besiegt die Preußen bei Auerstädt 1806. Im Jahr 1808 wird er »Duc d'Auerstädt«, 1809 wird er »Prince d'Eckmühl«.

Esterhazy, Paul Fürst (1805–1877), k.k. Kämmerer, Geheimer Rat und österreichischer Botschafter in London, Herr des Fidei Kommiss., vermählt 1855 mit Helena, geborene Gattendorf (1835–1896).
Sein Bruder Nikolaus Graf Esterhazy, (1804–1885), k.k. Kämmerer und Geheimer Rat, vermählt 1833 mit Marie, Gräfin Plettenberg.
Moritz Graf Esterhazy (1807–1890), k.k. Kämmerer, Geheimer Rat, bis 1855 Gesandter am päpstlichen Hofe. Vermählt 1834 mit Polixena Prinzessin Lobkowitz.
Josef Graf Esterhazy (Pepe), vermählt mit Prinzessin Marie Metternich (17.1.1797–20.7.1820). Er blieb 15 Jahre nach dem Tode seiner Gattin Witwer und heiratete dann Helene Besobrasoff.

Fesch, Josef (1763–1839)
Aus der Basler Familie Faesch, Sohn eines Kapitäns der Schweizer Garde des Königs von Frankreich, der 1757 die Witwe Ramolini (Großmutter Napoleons) heiratete. Er war also Stiefbruder von Madame Laetizia.
Auf den geistlichen Stand vorbereitet, wurde er 1796 Kriegskommissar in französischen Diensten. In Italien legte er sich durch Plünderungen eine wunderbare Samm-

lung von Bildern an, mußte aber deswegen sein Amt niederlegen.
1801 wurde er zum Priester geweiht, 1802 Erzbischof von Lyon, 1803 Kardinal; er krönte Napoleon zum Kaiser.
Er war dann maßgeblich an der Annullierung von Napoleons erster Ehe beteiligt.
Nach 1814 lebte er in Rom.

Floret Ritter von, Botschaftsrat
Vertrauter Mitarbeiter Metternichs, der seine Diskretion zu schätzen wußte und schrieb: »Die Diskretion ist seine Natur. Ich wette, daß Floret zu Mittag sich selber nicht zugibt, was er um elf gedacht hat.«

Fries, Moritz Graf, »Der junge Fries« (1804–1873), vermählt 1836 mit Flora, Freiin von Pereira-Arnstein.
1824 wurde er, als sein Vater aus der Bank wegen Unfähigkeit entlassen worden war, an die Spitze des Unternehmens gestellt. In der Nacht vom 28./29. April 1826, zurück von einer Soiree bei Fürst Metternich, wurde ihm die Zahlungseinstellung der Bank (der Konkurs) mitgeteilt, sowie der Selbstmord seines Vertreters Parisch (seine Großmutter war eine Parisch).
Er selbst erhält von Fürst Metternich eine Stelle an der Gesandtschaft in Rio und später als Legationsrat in der Staatskanzlei.

Fünfkirchen siehe Wurmbrand

Fürstenberg, Sophie Landgräfin von (1801–1829), vermählt 1827 mit Friedrich, Fürst von Oettingen-Wallerstein (1793–1842).
Ihre einzige Tochter Sophie (1829–1897), vermählt 1847 mit Georg Graf Buquoy (1814–1882).
Friedrich Oettingen heiratet in zweiter Ehe Maria Anna,

Gräfin Trauttmansdorff (Abstammung Oettingen-Wallerstein, Lobkowitz-Schwarzenberg).

Fuchs, Eleonore (Lori) Gräfin (geborene Gräfin Gallenberg), * 25.4.1786, vermählt 1801 mit E. Graf Fuchs.

Gentz, Friedrich von, 1764 in Breslau geboren, gestorben in Wien 1832: »Der Sekretär Europas«. Begabter Publizist, Sekretär und Vertrauter Metternichs. Er verfügte über hervorragende Beziehungen in aller Welt und war ein glänzender Stilist.
Eine langjährige Beziehung verband ihn mit der Tänzerin Fanny Elßler.

Großmama siehe Kageneck

Hatzfeld, Franz Ludwig Fürst von, gestorben 1827, hatte eine Tochter, Gräfin Hermine, geb. 1809, die sich 1829 mit Engelbert, Freiherr von Landsberg, vermählte.

(Die) *Heirat* aus Vernunft, Lustspiel von Scribe und Varner, Burgtheater 17.4.1827.

Hessen-Darmstadt, Emil Prinz von (1790–1856)
Zweiter Sohn von Ludwig I., Großherzog von Hessen.
Diente 1803–1807 unter König Friedrich Wilhelm v. Preußen und war eine legendäre Figur der Napoleonischen Epoche, nahm als General der hessischen Leibjäger und der leichten »Garde à Cheval« an der russischen Kampagne unter Napoleon teil.
Er kam mit nur sieben Mann nach Hause.
1830 wurde er General der Kavallerie in der hessischen Armee, er starb unvermählt.

Hitroff, Madame, geb. Elisabeth Golenischtchew-Koutouzoff, (1783–1839), Tochter des Feldmarschalls Michael Ila-

rionovitch Golenischtchew-Koutouzoff, Fürst Smolenskij, von Catarina Iljinitchna Bibikoff.
Verheiratet mit Ferdinand, Graf Tiesenhausen (* 1782, gefallen in der Schlacht von Austerlitz 1805), und in zweiter Ehe mit Nikolai Federowitch Chitrovo (Hitroff), gestorben 1819.
Aus der ersten Ehe waren zwei Töchter:
Catherine oder Catisch (1803–1888) Porträtsdame. (Sie bekam 1827 einen mysteriösen Sohn: Felix Nikolaievitch Elsten [1827–1877], dessen Vater Prinz Carl von Preußen, Bruder der Großfürstin Nicholas, sein soll.)
Dorothée (1804–1863), verheiratet 1821 mit Karl Graf Ficquelmont (1777–1857), österreichischer Diplomat, lange Zeit in St. Petersburg. Gräfin »Dolly« hinterließ sehr interessante Aufzeichnungen über den Hof von Nikolaus I.).

Hügel, Karl-Alexander Freiherr von (geboren Regensburg 25.4.1796 – gestorben 1870 in Brüssel.) Wie auch sein Bruder Freund der Familie Metternich in guten wie in schlechten Tagen.
Studierte Rechtswissenschaft im sogenannten kaiserlichen »Vorland« Freiburg. K.k. Offizier und Diplomat.
1821 nahm er unter Ficquelmont an der Expedition nach Neapel teil. 1831–1836 Weltreisender.
Er widmete sich später dem Studium der Naturwissenschaften und gründete eine berühmte Blumenzucht in Hietzing sowie die Gartenbau-Gesellschaft in Wien, deren Präsident er wurde.
Er veröffentlichte verschiedene Schriften über seine Reisen und war Mitglied bedeutender wissenschaftlicher Vereine.
Später Gesandter in Florenz, Brüssel, lebte dann in England. Er schenkte seine bedeutenden Sammlungen den Kaiserlichen Kabinetten und der Hofbibliothek.
Clemens, Freiherr von Hügel (1782–1849), älterer Bruder des Obengenannten. »Pressemann« des Kanzlers. Diplomat.

Hunyady, Josef Graf von Kéthely (1801–1869), k.k. Kämmerer, vermählt in Wien 1825 mit Henriette Prinzessin Liechtenstein (1806–1886). Sie war die Tochter des Fürsten Johann und der Josepha, Landgräfin zu Fürstenberg. Die Hunyadys hatten sieben Kinder:
1. Johann Baptist, geboren 7. Juli 1826 (der »kleine Janoch«). Dieser scheint früh gestorben zu sein, jedenfalls ohne Nachkommen.
2. Graf Imre, (22. Juli 1827–1902), vermählt 1869 mit Félicie, Gräfin Györy (1842–1913). Er war Vater des letzten Obersthofmeisters des Kaisers, Graf Josef Hunyady.

Ingestre, Lord Charles Thomas, Sohn des Charles, zweiter Earl of Talbot. (* 11.7.1802, verunglückte in Wien im Mai 1826 tödlich.)

Kageneck, Maria Beatrix, Gräfin von (Großmama) (* 18.12.1755, † 23.11.1828)
Tochter des Grafen Friedrich von Kageneck und der Anna Maria Freiin von Andlaw.
Vermählt 9.1.1771 mit Franz Georg Graf (seit 30.6.1803 Fürst) von Metternich-Winneburg (9.3.1746–11.8.1818).
Kinder:
Pauline Herzogin von Württemberg (29.11.1771–23.6.1855)
Clemens Lothar (13.5.1773–1859)
Josef (»Pepi«).

Kaunitz, Fürstin und Tochter = Franziska Xaveria Ungnad, Gräfin von Weissenwolff (1773–1859), vermählt 1798 mit dem Botschafter Aloys Fürst von Kaunitz-Riedberg (1774–1848).
Die Töchter waren:
1. Caroline (1801–1875), vermählt 1831 mit Anton Gundaccar Graf von Starhemberg (1776–1842). Keine Kinder.

Vermählt in zweiter Ehe 1860 mit Prinz Peter Arenberg, Witwer von Alix Talleyrand-Périgord.
2. Leopoldine (1803–1888), vermählt 1820 mit Anton Karl Fürst Palffy ab Erdöd (1793–1879). Keine Kinder.
3. Ferdinandine (Nandine) (1805–1862), vermählt 1822 mit Ludwig Graf von Karolyi von Nagy Karoly (1799–1863). Die Ehe wurde 1846 geschieden. Nandine war die Mutter des Botschafters Graf Aloys K. und Großmutter von Gräfin Nandine Berchtold.

Kolowrat-Liebsteinsky, Franz Anton (1778–1861), Sohn des Grafen Joseph K.-L. und der Gräfin Katharina Kolowrat-Krakowsky. Ritter des Goldenen Vlieses, Oberstburggraf von Böhmen, Staats- und Konferenzminister. Wurde als Gegenspieler des Kanzlers betrachtet. Vermählt 1801 mit Marie Rosa Gräfin Kinsky. Keine Kinder.

Lebzeltern-Collenbach Franz Freiherr von (1780–1863), k.k. Staats- und Konferenzrat im Ministerium des Äußeren,
vermählt 1. mit Caroline Bujanovics von Aggtelek,
vermählt 2. mit Aloysia von Vogel.
Sein Sohn Eduard, geboren 1812, war 1857 Gesandter in Lissabon.

(Die) *Leibeigenen oder Isidor und Olga*, Trauerspiel von Raupach, Burgtheater 15.5.1827.
(Die) Nachtwandlerin: Ländliches Ballett von Paul Taglioni, Erstaufführung: Kärntnertortheater, 13.9.1826

Leykam, Antoinette Baronesse, später Gräfin Beilstein (15.8.1806–17.1.1829), vermählt mit Clemens Fürst Metternich-Winneburg am 3. November 1827 in Wien.
Die Auserwählte war 33 Jahre jünger als der Fürst. Er hatte lange gesucht, ehe er die Wahl traf. Antoinette Baronesse Leykam wird von allen, die sie gekannt haben, als höchst

anmutiges, liebliches Wesen geschildert. Sanftmütig, ruhig und bescheiden, besaß sie, wie Franz von Andlaw erzählt, in hohem Grad die seltene Gabe des Zuhörens und wurde dem Gatten, was er erstrebte: eine empfängliche, schöne und seelisch reine Schülerin. In ihr fand er, wie er klagend nach ihrem Tod schreibt, ein Wesen, das ihm allein angehörte, das ihn jeder Überwachung enthob; ein junges Mädchen, das niemals den Ehrgeiz hatte, die Rolle der Mutter seiner Töchter zu spielen, sondern nur ihre ältere Schwester, ihr Beispiel und ihr Trost zu sein; »schön wie ein Engel und ein Engel an Eigenschaften« und – allein und ohne Familie. Denn die Familie Leykam genoß kein großes Ansehen in der exklusiven und medisanten Wiener Aristokratie. Der Vater Christoph Ambros war ein Sohn jenes Reichsreferendars, der Franz Georg Metternichs Förderer gewesen war, ein kleiner Diplomat ohne glänzenden Geschlechtsnamen und ohne nennenswerte Leistungen, aber ein begabter Musiker, Zeichner und Maler. Der Mutter, Antonia Pedrella aus Palermo, ehemals eine berühmte Schönheit und vortreffliche Sängerin, wurde mit Recht oder Unrecht allerlei über ihren Lebenswandel nachgesagt; ihr Wiener Salon, dessen anziehenden Mittelpunkt die älteste Tochter Antoinette bildete, wurde zumeist nur von Herren besucht. Der Staatskanzler widerstand der Einrede der eigenen Mutter und allen Intrigen und allem Klatsch, er folgte dem Zug seines Herzens und fand endlich das heiß ersehnte Glück in vollem Maß in der jungen Gattin, die Kaiser Franz zur Gräfin von Beilstein erhob. Mochte auch die Ehe in der Wiener hohen Aristokratie noch so große Sensation und Gärung hervorrufen, bald wurde die Staatskanzlei wieder der Ort froher Feste, auf denen die schöne Stimme der Mutter Leykam brillierte und Antoinette voll Takt und Würde die meisten Gäste gewann. Des Staatskanzlers Herz hatte sie ganz für sich, und sie betrachtete ihn als ihren ältesten und treuesten Freund.

Ihre Schwester sollte den Sohn eines reichen Amerikaners (Mr. Thorn) heiraten. Dieser war sehr dagegen gewesen, stimmte aber dann zu, als er erfuhr, daß sein Sohn dadurch Schwager des Kanzlers wurde.
Während der Hochzeit kam die Nachricht der Schlacht von Navarino, bei der die türkisch-ägyptische Flotte von der vereinten englischen, französischen und russischen Flotte vernichtet wurde.
(Am 1.1.1822 wurde die Unabhängigkeit des hellenischen Volkes verkündet. Durch den Interessengegensatz zwischen Österreich und Rußland in der griechischen Frage erfuhr die Heilige Allianz einen schweren Schlag.)
Dieses »Malheur«, wie es Léontine bezeichnet, wurde von Gentz als »böses Omen« für die geschlossene Ehe betrachtet.

Liechtenstein, Johann Fürst von (26.6.1760–20.4.1836), vermählt 12.4.1792 mit Josepha, Landgräfin von Fürstenberg-Weitra (20.6.1776–23.2.1848).
14 Kinder: Ida (Freundin von Léontine), die später Fürst Paar heiratete, war das vorletzte.
Feldmarschall, wurde er der »Bayard« (chevalier sans peur et sans reproche) der österreichischen Armee genannt.
Nach 1809 versuchte Napoleon, ihn für sich und seine Pläne, die Habsburger zu stürzen, zu gewinnen.
Liechtenstein wurde souverän in den Rheinbund aufgenommen, aber der Fürst gab nicht seine Unterschrift dazu und bestimmte abdankend seinen unmündigen Sohn zum Nachfolger.
Bei einer nächtlichen Unterredung, zu welcher, um Friedensverhandlungen durchzusetzen, der Fürst noch kotbespritzt vom langen Ritt in das kaiserliche Zelt geführt wurde, bot ihm Napoleon die Krone von Böhmen an. Der Fürst ging darauf nicht ein, worauf Napoleon mit bewegter Stimme sagte: »Ich sollte allen Monarchen solch treue Ge-

neräle wünschen«, und dann hinzufügte: »... aber vergessen Sie nicht, daß es leicht ist, nicht gierig zu sein, wenn man von Geburt aus schon viel hat. Meine Marschälle haben von der Pike auf gedient. Wer als Kind gehungert hat, ist später nie mehr satt zu kriegen.«

Liechtenstein, Ida Prinzessin von und zu, geboren in Eisgrub 12.9.1811, gestorben in Wien 27.6.1884, vermählt in Wien 30.7.1832 mit Karl Fürst Paar (1806–1881).
Zehn Kinder:
1. Guidobaldine (*1833), unvermählt.
2. Karl (1834–1917), vermählt 1866 mit Leopoldine Markgräfin Pallavicini (1845–1928).
3. Eleonore (1835–1913), vermählt 1856 mit Ernst Graf Hoyos Sprinzenstein (1803–1903).
4. Rudolf (1836–1873), vermählt 1864 mit Antonia Gräfin Crivelli (1840–1867). Keine Kinder.
5. Eduard (1837–1916), unvermählt. Gen.-Adjutant des Kaisers.
6. Josephine (1839–1926), vermählt 1861 mit Ladislaus Graf Falkenhayn (1833–1868), vermählt 2. mit Jaromir Graf Czernin (1818–1908).
7. Aloys (1840–1909), unvermählt, General der Kavallerie.
8. Franziska (1842–1881), vermählt 1862 mit Leopold Graf Bastatzky (1840–1902).
9. Marie (1843–1914), unvermählt.
10. Léontine (1844–1912), vermählt mit Oswald Graf Kielmansegg (1838–1896). Fünf Kinder.

Ligne, Eugène Prinz von (1804–1871), kaiserlicher Kämmerer, Ritter des Goldenen Vlieses von Spanien. Vermählt 1. 1823 mit Amélie de Conflans, Tochter des Marquis de Conflans und der Prinzessin Amélie Croy-Havré. Nach ihrem Tode vermählt 2. 1834 mit Natalie de Trazignies, gestorben 1835. Vermählt 3. 1836 mit Prinzessin Hedwig Czartoryska.

Ligne, Prinz Carl de, hatte eine uneheliche Tochter von Adelaide Nones (genannt Fleury). Diese wurde anerkannt und hieß Mademoiselle Christine (Titine) de Ligne (1788–1867), vermählt 1811 mit Graf Moritz O'Donnell (1780–1843), Kämmerer und Feldmarschall – Leutnant in Österreich. Sie hatten drei Kinder:
Maximilian, geboren 1812;
Moritz, geboren 1815 (Nachkommen: O'Donnell, Montjoye, Attems, Sprinzenstein, Uiberacker, Palffy, Henickstein);
und Euphemie, geboren 1823.

Ligne, Sidonie Prinzessin von (9.12.1786–1828), Tochter des k.k. Oberst Prinz Carl de Ligne (ältester Sohn des Feldmarschalls, gefallen am 14.9.1792 bei Croix-au-Bois), und der Hélène, Prinzessin Massalska, später Comptesse Vincent Potocki.
Vermählt 8.9.1809 in Mariaschen bei Teplitz mit Graf François Potocki (1788–1852). Die Ehe blieb kinderlos. »Wir liebten Sidonie nicht, obwohl sie Esprit hatte, aber sie war mokant und schlimm« (Lulu Thürheim).

Maria de Gloria, Königin von Portugal – siehe Portugal

Meade siehe Clanwilliam

Metternich-Winneburg, Richard Prinz (später Fürst), * 7.1.1829 – † 1.3.1895, Sohn des Staatskanzlers Fürst Clemens Metternich-Winneburg und der Baronesse Antoinette Leykam, Gräfin Beilstein, vermählt 1859 mit seiner Halbnichte Pauline, Gräfin Sandor. Drei Töchter.
Österreichischer Diplomat in Paris, London und wieder Paris, Gesandter in Sachsen, wurde 1859 dem österreichischen Generalstab zugeteilt und zum Botschafter in Paris ernannt (1859–1871). 1864 österreichischer Geheimrat. Er

und seine brillante Gattin waren sehr eng mit dem französischen Kaiserpaar befreundet und waren ihm auch bei der Flucht behilflich.

Metternich-Winneburg, Victor Prinz (15.1.1803 bis 30.11.1829), Sohn des Staatskanzlers Fürst Clemens Metternich-Winneburg und der Eleonore, Gräfin Kaunitz.
Er war der Stolz und die Qual seines Vaters, der über ihn schrieb: »Ich habe nur diesen Sohn, und wenn ich 65 hätte, wie der Schah von Persien, so würde ich ihn nicht weniger lieben. Der Gedanke, ihn zu verlieren oder ihn einem unsicheren Dasein ausgeliefert zu wissen, würde mich selber umbringen. Er ist ein schöner großer Junge, die Quintessenz des Eleganten (du fashionable), unwissend über das Leben, wie man es mit 18 Jahren ist, aber es fehlt ihm nicht an Intelligenz, und wenn er gut aufgelegt ist, bringt er zum Lachen, denn er hat Geist.«
Er wurde der österreichischen Mission unter seinem Schwager Graf Josef Esterhazy bei der Krönung von Georg IV. in London zugeteilt und nahm dann teil am Kongreß von Verona, wo sein Vater stolz über ihn schrieb: »Man kann nicht zufrieden genug mit ihm sein. Er wird ein nützlicher und guter Mann werden ... und liebt die Arbeit fast so sehr wie seine Freunde den Prater.«
Zum Kämmerer ernannt, und der Botschaft in Paris zugeteilt, verliebte er sich in die sieben Jahre ältere Marquise de Castries, der er bis zu seinem Tode treu blieb.

Metternich, »Pepi« Graf (Bruder des Kanzlers) († 1838).
Er hatte eine bescheidene Stellung in der Staatskanzlei, wurde aber 1810 Kämmerer. Vermählt 1836 mit einer geborenen Szulkowsky.

Montholon, Graf, später Marquis de, General (1782–21.8.1853).
Er begleitete den Kaiser Napoleon auf die Insel St. Helena.

(Die) *Mündel*, Schauspiel von Iffland.
»Mose« dürfte »Moses in Ägypten« sein. Oper von Rossini.

Neumann, Philipp Freiherr von, geboren in Wien 1778. Zuerst in der Hofkammer, dann in der Diplomatie. Botschaftsrat. Mehrmals Geschäftsträger in London; 1814 und 1815 beweist er besondere Umsicht bei der Erreichung der Subsidiengelder. 1824 leitet er die Verhandlungen zwischen Portugal und Brasilien, vermittelt die Aussöhnung zwischen König João VI. und seinem Sohn, Dom Pedro. 1829 bewährt er sich beim Handelsvertrag zwischen England und Österreich, 1830 Freiherr, Komturkreuz des Leopoldordens.

»*Peter* und der Ring«, Spiel in Versen von Deinhardstein, Burgtheater 24.10.1826.

Preußen Friedrich Wilhelm Prinz von (15.10.1795–2.1.1861).
1840 als Friedrich Wilhelm IV. zum König gekrönt.

Permond, Laure, geboren 1784, Tochter von Nicholas Charles.
Permond, Augustin Martin, Zahlmeister (Munitionnaire) in Korsika, Receveur particulier des finances des Bistums Narbonne, und der Louise Marie Comnène, welche behauptete, Nachkomme der byzantinischen Kaiser zu sein. Sie heiratete 1800 Jean Andoche Junot (1771–1813), Sekretär Bonapartes bei der Belagerung Toulons, Brigadegeneral in Ägypten 1798, Oberster Befehlshaber des Heeres in Portugal 1807, Herzog von Abrantès 1808.
Madame Junot, deren Memoiren eine unerschöpfliche Quelle von Informationen über diese Zeit sind, war eine Zeitlang sehr mit dem Kanzler Metternich befreundet. General Junot kam auf die unglückliche Idee, sich darüber

beim Kaiser Napoleon zu beschweren, der ihm erwiderte, er hätte keine Zeit, sich um die Geschäfte Europas zu kümmern, wenn er die betrogenen Ehemänner seines Hofes rächen sollte.
Zu Laure d'Abrantès sagte er etwas milder, sie hätte besser getan, sich keinen Ausländer auszusuchen.
Der unbefriedigte General würgte seine Frau, stach sie mit einer goldenen Schere und schickte dann nach Metternich, sein Werk zu betrachten. Es erschien aber Metternichs Gattin, die den wütenden Ehemann rügte: »Die Rolle des Othellos steht Ihnen schlecht zu« und in allen Richtungen Frieden herstellte.
Kaiser Napoleon, der mitten in Verhandlungen mit Österreich wegen seiner Ehe mit der Erzherzogin stand, sagte ihr dann: »Sie sind eine gute kleine Frau und haben mich aus einer dummen Situation, in welche mich dieser ›Butor‹ (Tolpatsch) von Junot brachte, gerettet.«

Portugal, Maria de Gloria, Königin von.
Dom Miguel: zweiter Sohn des Herzogs von Braganza.
1826 verzichtete Dom Pedro, erster Sohn des João VI., Kaisers von Brasilien, auf den portugiesischen Thron zugunsten der Maria de Gloria, die den Thron 1833 bestieg und sich in erster Ehe 1836 mit dem Herzog von Leuchtenberg vermählte, in zweiter Ehe mit Prinz Ferdinand von Sachsen-Coburg.
Sie starb 1853.

Rasumofsky, Andreas Graf (seit 1815 Fürst) (1752–1836), Sohn des Kyrill und der Catherine Naryschkine.
Russischer Gesandter in Neapel, Kopenhagen und Stockholm. Botschafter in Wien seit 1801, nach Tilsit wurde er durch Fürst Kourakine und Graf Stackelberg ersetzt. Er blieb aber in Österreich und wurde russischer Delegierter beim Wiener Kongreß. Zum Empfang des Kaisers baute er

ein Palais, das aber in Brand geriet und restlos zerstört wurde. Er klagte vergeblich beim russischen Hof um Wiedergutmachung.
1. vermählt mit Gräfin Elisabeth Thun, gestorben 1806.
2. 1816 vermählt mit Gräfin Constanze Thürheim.

Reichstadt, Herzog von, Napoleon Franz Josef Karl Bonaparte, geboren in Paris am 20.3.1811, gestorben in Schönbrunn an Schwindsucht am 22.7.1832.
Sohn des Kaisers Napoleon und der Erzherzogin Marie Louise von Österreich.
Er bekam bei seiner Geburt den Titel eines »Königs von Rom«. Nach dem Sturze seines Vaters kam er zu seinem Großvater nach Schönbrunn, wo der nüchterne Kaiser Franz I. zu seiner Frage über diesen Titel dem kleinen Buben die Antwort gab: »Ja, du bist's schon, aber es ist eben so, wie ich König von Jerusalem bin.«
Am 8. Dezember 1817 bekam er den Titel eines Herzogs von Mödling, wogegen seine Mutter Bedenken äußerte. Mit kaiserlichem Patent vom 22.7.1818 wurde der Name Napoleon fallengelassen und der Titel eines Herzogs von Reichstadt und ein Wappen verliehen.
Nach seinem frühen Tode schrieb Erzherzogin Marie Louise rührende Worte des Danks an den Staatskanzler »für seine Güte ihrem Sohne gegenüber« und schickte einige persönliche Gegenstände zur Erinnerung, die heute im Museum in Königswarth aufbewahrt sind (u. a. das Sèvres-Waschbecken, das Napoleon auf der Insel Elba benutzte und das dann zu seinem Sohn kam).

Rettich, Karl, Schauspieler vom Burgtheater.

Rohan, Louis Prinz de, geboren 1783, vermählt 1800 mit Catarina Wilhelmine Prinzessin von Kurland. Geschieden 1805. Generalmajor.

Rudolf, Erzherzog (1788–1831 in Baden), jüngster Bruder von Kaiser Franz I. Er war ein großer Philanthrop, ein Freund und Schüler von Beethoven und ausgezeichneter Kupferstecher.
Kardinal-Erzbischof von Olmütz und Musikgraf der königlich-böhmischen Kapelle.
Er besaß eine vollständige Sammlung der Beethoven-Manuskripte, die er der Gesellschaft der Musikfreunde in Wien schenkte.

Salzburg, Erzbischof von, Augustin Gruber.

Sagan, Herzogin von (ab 1800) = Wilhelmine Prinzessin von Kurland (1781–1839). Ihr Vater war Peter Biron, bis 1795 Herzog von Kurland, 1786 Herzog von Sagan (1724–1800), in dritter Ehe vermählt mit Anne Charlotte Dorothea Gräfin von Medem (1761–1821).
Vermählt:
1. 23.6.1800 mit Jules Armand Louis Prince de Rohan Guéménée (1768–1836). Geschieden 1805.
2. 5.5.1805 mit Fürst Troubetzkoi (1776–1811). Geschieden 1806,
3. 17.7.1819 mit Karl Rudolf Graf von der Schulenburg-Vitzenburg (1788–1856).

Sandor, Moritz Graf (von Szlawnicza) (23.5.1805–23.2.1878), vermählt 18.2.1835 mit Prinzessin Léontine Metternich (18.6.1811–16.11.1861).
Er war ein berühmter und verwegener Reiter und zog sich dabei unzählige Knochenbrüche und einige Gehirnerschütterungen zu. Zuletzt wurde sein Geist dadurch getrübt.

Salisbury, Lady Frances Mary Bamber Gascoyne (Schwägerin der Botschafterin). Vermählt 1821 mit James, zweiter Marquess of Salisbury (1791–1866), gestorben 1839.

Schönburg-Hartenstein, Eduard Fürst zu (1787–1872), Ritter des Goldenen Vlieses, vermählt 1823 mit Luise Prinzessin Schwarzenberg (1803–1884), Schwester des Fürsten Felix.

Schönfeld, Ludwig Graf (1791–1828), k.k. Kämmerer, Rittmeister, vermählt 10.1.1827 mit Rosalie Gräfin de Grunne (1805–1841). Gräfin Rosalie heiratete später (1832) Prinz Karl Liechtenstein.

Schwarzenberg, Felix Prinz (aber stets Fürst genannt) (3.10.1800–5.4.1852), Staatsmann, General, Außenminister, zweiter Sohn des Fürsten Joseph und der Pauline Prinzessin Arenberg (1774 geboren und am 1.7.1810 beim Ball in der österreichischen Botschaft in Paris verbrannt).

Schweden, Gustav, Prinz von (1799–1877), Sohn des Königs Gustav IV. (1778–1837) und der Friederike Markgräfin von Baden, der 1809 seines Thrones verlustig wurde. (Es folgte ihm sein Onkel Karl XIII. [1748–1818], welcher General Bernadotte adoptierte, der ihm als König Karl XIV. folgte.)
Prinz Gustav nannte sich später Prinz von Wasa, lebte in Wien und diente zeitweise auch in der k.k. Armee.
Vermählt 1830 mit Luise Prinzessin von Baden.
Seine einzige Tochter Carola (1833–1907) war die Gattin Königs Albert I. von Sachsen.

Sedlnitzky, Anton Graf (1776–1850), k.k. Kämmerer, Geheimer Rat und Polizeiminister.
Vermählt 7.1.1808 mit Maria Anna Gräfin Wilczek (1781–1850).

»Sophie«, viele Jahre Zofe im Hause Metternich.

Spencer, George John, zweiter Earl (1758–1834), Secretary of State, First Lord of the Admiralty, Knight of the Garter, vermählt 1781 mit Lady Lavinia Bingham, Tochter des Earl of Lucan.

Stanhope, Lord und Lady. Wahrscheinlich Philip, vierter Earl Stanhope (1781–1855), vermählt 1803 mit Catherine Smith, Tochter des ersten Baron Carrington.

Stewart Charles (1778–1854), General, Botschafter in Wien, seit 1814 Lord Stewart. Er war Stiefbruder und Nachfolger des Robert, zweiter Marquess of Londonderry, besser bekannt als Lord Castlereagh (1769–1822).

Strown, Lady (Lady Strachan). Zu Napoleons Zeiten lebte ein englischer Admiral Sir Richard Strachan (Strown ausgesprochen) (1760–1828), der zusammen mit dem General Lord Chatham die Insel Walcheren an der Scheldemündung besetzen sollte, was kläglich gescheitert ist und zu dem Spottgedicht Anlaß gab:
Great Chatham with his sabre drawn,
Stood waiting for Sir Richard Strachan;
Sir Richard, longing to be at 'em,
Stood waiting for the Earl of Chatham.
Seine Frau, geborene Louise Dillon, war die fast offizielle Geliebte des Marquess of Hertford, der mit ihr nach Neapel übersiedelte, ihr das Marquisat Salza schenkte und sie und ihre drei Töchter mit Geschenken überschüttete.
Mathilde heiratete den ungarischen Grafen Berchtold,
Louise den Principe Ruffo di Sant'Animo
und Charlotte den Grafen Emanuel Zichy Ferraris, Bruder von Fürstin Melanie Metternich.

Stürmer, Bartolomäus Freiherr (seit 1842 Graf) (1787–1863), Geheimer k.k. Rat, Internuntius und bevollmächtigter Minister bei der Pforte bis 1850.

Er war 1816–1818 kaiserlicher Kommissar auf St. Helena. Vermählt 1815 mit Ermance Freiherrin von Boutet (*1797).

Tatitcheff, Dimitri Pawlowitch (1769–1845), russischer Diplomat, Gesandter in Madrid 1815, anschließend Botschafter in Wien, wo er bis 1845 blieb. Er wurde dann Staatsrat und Kämmerer unter Nikolaus I.

Thürheim, Ludovica (Loulou) Gräfin von, Tochter des Grafen Josef Wenzel. Geboren in Belgien, wo ihr Vater Abgeordneter von Lüttich war, übersiedelte dann 1794 mit ihren Eltern nach Österreich, wò sie auch bis zu ihrem Tode blieb. 1832 heiratete sie geheim den Sekretär ihres Schwagers Fürst Razumofsky, Charles Thirion, der kurz danach starb. Sie hinterließ interessante Memoiren: »Mein Leben; Erinnerungen aus Österreichs großer Welt.«
Josef Graf Thürheim: Ihr Bruder war der Besitzer von Schloß Schwertberg in Niederösterreich, heiratete Gräfin Leopoldine Starhemberg und hatte drei Schwestern:
Isabelle: verheiratet 1807 mit Peter Graf von Goess, k.k. Kämmerer, Obersthofmarschall usw.
Constanze: verheiratet 1816 mit Fürst André Razumofsky,
Josèphe: verheiratet 1832 mit Francesco, Conte Contarini.

Trauttmansdorff, Caroline (1808–1886), Tochter des Fürsten Johann und der Landgräfin Philippine von Fürstenberg-Weitra.
Sie vermählte sich 1831 mit Carl Graf Grünne (1808–1884), später General der Kavallerie und Oberststallmeister.

Vincent, Baron Nikolaus, österreichischer Botschafter, den Metternich lange Zeit trotz seiner Schrullenhaftigkeit bei der Pariser Botschaft beließ.

Als die Mission dann doch zu Ende ging, schrieb er seinem Sohn Victor (18.2.1826):
»Prenez un tendre congé de M. de Vincent ...«
(»Nehme er einen rührenden Abschied von Baron Vincent ...«)

Wallmoden-Gimborn, Ludwig Graf, geboren 1769 in Wien als Sohn des hannoveranischen Gesandten, gestorben in Wien 1862, Feldmarschalleutnant. Erst im hannoveranischen, dann im preußischen Armeedienst, trat er dann in österreichische Dienste (Wagram); 1812 diente er in der russischen Armee, wo er eine russisch-deutsche Legion kommandiert, gleichzeitig wird er 1813 zum königlichen großbritannischen General ernannt, nimmt an der Schlacht von Leipzig teil, säubert den Norden Deutschlands von französischen Truppen, kommandiert dann die österreichischen Truppen in Neapel und Mailand.
Adlatus von Radetzky. Gen. der Kavallerie 1843.
1848 Ruhestand.
Seine Schwester Wilhelmine heiratete den Staatsmann Heinrich Friedrich Karl Freiherr vom Stein.

Wellesley, Charles Lord (1808–1858), vermählt mit Augusta Sophia Manvers Pierrepont, Tochter des Earl Manvers. Er war der zweite Sohn des Herzogs von Wellington. Da sein Bruder Arthur Richard, zweiter Duke of Wellington (1807–1884), keine Söhne hatte, wurde sein Sohn dritter Herzog.

Windisch-Graetz, Alfred Fürst (11.5.1787–21.3.1862), Sohn des Grafen Niklas und der Prinzessin Marie Françoise von Arenberg.
Feldmarschall und Retter Österreichs im Jahr 1848. In den Kriegsjahren 1848/1849 stand er mit seinen fünf Söhnen im Felde. Unter vielen Auszeichnungen hatte er das Gol-

dene Vlies, das Großkreuz des Maria-Theresien-Ordens und den russischen Andreas-Orden in Brillanten.
Er war mit Marie-Eleonore Prinzessin Schwarzenberg vermählt, die in Prag am 12.6.1848 erschossen wurde. Sie stand an einem Fenster des Palais des Generalkommandos, und einer der aufrührerischen Studenten hielt ihr weißes Kleid für den Waffenrock des Fürsten.

Württemberg, Pauline Herzogin von (29.11.1771–23.6.1855), geborene Prinzessin von Metternich-Winneburg. Sie war die ältere Schwester des Kanzlers und vermählte sich am 23.2.1817 als zweite Gattin mit Ferdinand Herzog von Württemberg (22.10.1763–20.1.1834), Sohn des Herzogs Friedrich II. Eugen (1732–1797) und Bruder (unter vielen anderen Geschwistern) des Königs Friedrich I. von Württemberg, der Kaiserin Marie von Rußland und Elisabeth, erste Frau von Erzherzog (später Kaiser) Franz. K.k. Feldmarschall, Großkreuz des militärischen Maria-Theresien-Ordens.
Die Ehe blieb kinderlos.

Wrbna, Rudolf Graf (1761–1823), vermählt mit Marie Thérèse Gräfin Kaunitz (1763–1813).
Kinder:
Therese, vermählt mit Franz de Paula Graf Kinsky.
Franziska, vermählt mit Karl Fürst Liechtenstein.
Ladislaus (Lato) (1796–1849). Generalmajor, tapferer Offizier, wegen seiner ultrakonservativen Gesinnung von den Liberalen angefeindet und verleumdet.
1817 wurde er als Kämmerer mit der Mission betraut, nach Rio de Janeiro die Nachricht von der Vermählung der Erzherzogin Leopoldine mit dem Kronprinzen Dom Pedro zu bringen (die Vermählung hatte per Prokuration stattgefunden). Er bekam in Brasilien das Komturkreuz des Christus-Ordens und eine Pension von 4000 Francs. Auf der Rück-

fahrt geriet er in die Hand von Piraten, die das Schiff ausplünderten und die kostbaren Geschenke raubten, die für die Braut und ihren Vater, Kaiser Franz I., bestimmt waren.
Rudolf (Rondi) (1802–1874). K.k. Kämmerer und Oberststallmeister. Vermählt 24.6.1806 mit Konstanze, Gräfin Chorinsky (Ahnherr der jetzt lebenden Grafen Wrbna).
Eugen Graf Wrbna (1766–1841), jüngerer Bruder des Grafen Rudolf, Sohn des Grafen Wenzel Wrbna, Staatsmann und Vliesritter, und der Marie Therese Kollonitz.
Vermählt 1798 mit Flora, Gräfin Kageneck (1779–29.9.1857), Tochter des Grafen Friedrich Kageneck und der Gräfin Marie Therese Salm-Reifferscheidt, die oft die Honneurs bei ihrem Vetter, dem Kanzler, machte.

Wurmbrand, Louise Gräfin, geboren 1802 als Tochter des Gundaccar Graf Wurmbrand aus seiner zweiten Ehe mit Sidonie, Baronin Ledebur-Wicheln, starb 1870. Sie war seit 1826 mit Otto Graf Fünfkirchen (1800–1872) vermählt. Sie hatten vier Kinder und einen Haufen Enkel.

»Zemire und Azor«, Großes Zauberballett von Paul Taglioni, Erstaufführung: Kärntnertortheater 8.6.1826.

Zichy, Viktor Graf, Bruder von Fürstin Melanie Metternich, geboren 11.6.1806, k.k. Kämmerer, Oberst des Dragoner-Regiments 4.